五年生で習う漢字

193字

ページ	漢字
2〜5	ア行 圧囲移因永営衛易益液演
6〜9	応往桜 カ行 可仮価河過快解格
10〜13	確額刊幹慣眼紀基寄規喜
14〜17	技義逆久旧救居許境均禁
18〜21	句型経潔件険検限現減故
22〜25	個護効厚耕航鉱構興講告
26〜29	混 サ行 査再災妻採際在財罪殺
30〜33	雑酸賛士支史志枝師資飼
34〜37	示似識質舎謝授修述術準
38〜41	序招証象賞条状常情織職
42〜45	制性政勢精製税責績接設
46〜49	絶祖素総造像増則測属率
50〜53	損 タ行 貸態団断築貯張停提程
54〜57	適統堂銅導得毒独 ナ行 任燃
58〜61	能 ハ行 破犯判版比肥非費備
62〜65	評貧布婦武復複仏粉編
66〜69	弁保墓報豊防貿暴 マ行 脈務
70〜73	夢迷綿 ヤ行 輸余容 ラ行 略留領歴
74〜80	五年生のまとめ 1〜7

筆順 1 2 3 4 5 まちがえやすいところ …

…まちがえやすい漢字

漢字	読み方	画数	部首	言葉
圧	アツ / —	5画	土 つち	圧力《あつりょく》・血圧《けつあつ》
囲	イ / かこむ かこう	7画	囗 くにがまえ	周囲《しゅうい》・取《と》り囲《かこ》む
移	イ / うつる・うつす	11画	禾 のぎへん	移動《いどう》・席《せき》を移《うつ》す
因	イン / (よる)	6画	囗 くにがまえ	因果関係《いんがかんけい》・原因《げんいん》
永	エイ / ながい	5画	水 みず	永久《えいきゅう》・末永《すえなが》い幸《しあわ》せ
営	エイ / いとなむ	12画	⺍ つかんむり	運営《うんえい》・商店《しょうてん》を営《いとな》む
衛	エイ / —	16画	行 ぎょうがまえ	衛生《えいせい》・人工衛星《じんこうえいせい》
易	エキ・イ / やさしい	8画	日 ひ	容易《ようい》・易《やさ》しい問題《もんだい》
益	エキ・(ヤク) / —	10画	皿 さら	有益《ゆうえき》・利益《りえき》
液	エキ / —	11画	氵 さんずい	液体《えきたい》・血液《けつえき》
演	エン / —	14画	氵 さんずい	演技《えんぎ》・出演《しゅつえん》

画数・部首・筆順・言葉

練習

きほん

読んでみましょう

月　日

1つ5点

10分

／100点

①　場所を移る。

②　気圧が低くなる。

③　池の周囲。

④　車で移動する。

⑤　安易な考え。

⑥　事故の原因。

⑦　生命の営み。

⑧　永遠の平和。

⑨　主役を演じる。

⑩　店の営業時間。

⑪　易しい計算問題。

⑫　人工衛星をつくる。

⑬　末永い幸せを願う。

⑭　外国と交易する。

⑮　花だんをさくで囲う。

⑯　人が取り囲む。

⑰　テレビに出演する。

⑱　利益を出す。

⑲　ケーキを皿に移す。

⑳　とう明な液体。

きほん

書いてみましょう

月　　日

1つ5点

10分

／100点

① 場所を□《うつ》る。

③ 池の□□《しゅうい》。

⑤ □□《あんい》な考え。

⑦ 生命の□《いとな》み。

⑨ 主役を□《えん》じる。

⑪ □《やさ》しい計算問題。

⑬ □□《すえなが》い幸せを願う。

⑮ 花だんをさくで□《かこ》う。

⑰ テレビに□□《しゅつえん》する。

⑲ ケーキを皿に□《うつ》す。

② □□《きあつ》が低くなる。

④ 車で□□《いどう》する。

⑥ 事故《こ》の□□《げんいん》。

⑧ □□《えいえん》の平和。

⑩ 店の□□《えいぎょう》時間。

⑫ 人工□□《えいせい》をつくる。

⑭ 外国と□□《こうえき》する。

⑯ 人が取り□《かこ》む。

⑱ □□《りえき》を出す。

⑳ とう明な□□《えきたい》。

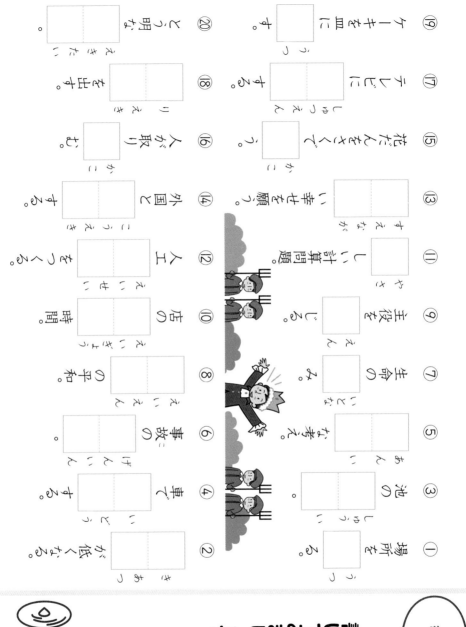

はってん

やってみましょう　1

月　日

／100点　10分

1 ――の漢字の読みがなを書きましょう。　一つ6〔24点〕

(1) 易（　）しいクイズ。

(2) ぼう易（　）相手国

(3) 演（　）げき部に入る。

(4) 試合の敗因（　）。

2 □にあてはまる漢字を書きましょう。　一つ7〔28点〕

(1) 末□《なが》く付き合う。

(2) 高い□□《でんあつ》。

(3) 町に□□《いじゅう》する。

(4) 島に□□《えいじゅう》する。

3 意味を考えて、次の読み方の漢字を□に書きましょう。　一つ6〔48点〕

(1) イ
- 広いはん①□。
- 店を②□転する。

(2) エイ
- 市①□バス
- ②□生的

(3) うつ（す）
- 実行に①□す。
- 字を書き②□す。

(4) エキ
- 有①□な話。
- 血②□けんさ

答えは81ページ

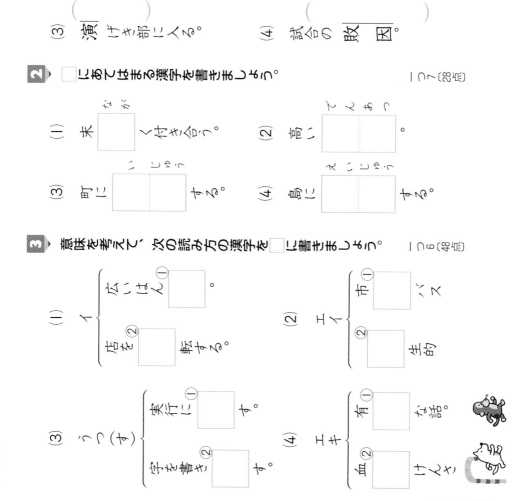

筆順 1 2 3 4 5 まちがえやすいところ…

…まちがえやすい漢字

漢字	読み方	画数	部首	言葉
応	オウ こたえる	7画	心 こころ	対応《たいおう》・手応《てごた》え
往	オウ ―	8画	彳 ぎょうにんべん	往復《おうふく》・往来《おうらい》
桜	(オウ) さくら 	10画	木 きへん	桜前線《さくらぜんせん》・葉桜《はざくら》
可	カ ―	5画	口 くち	可決《かけつ》・可能《かのう》
仮	カ・(ケ) かり	6画	亻 にんべん	仮面《かめん》・仮住《かりず》まい
価	カ (あたい)	8画	亻 にんべん	価格《かかく》・評価《ひょうか》
河	カ かわ 	8画	氵 さんずい	河口《かこう》・大《おお》きな河《かわ》
過	カ すぎる・すごす (あやまつ) (あやまち)	12画	辶 しんにょう	過去《かこ》・家《いえ》で過《す》ごす
快	カイ こころよい	7画	忄 りっしんべん	快晴《かいせい》・快《こころよ》い返事《へんじ》
解	カイ・(ゲ) とく・とかす とける	13画	角 つのへん	解答《かいとう》・問題《もんだい》を解《と》く
格	カク・(コウ) ―	10画	木 きへん	合格《ごうかく》・不格好《ぶかっこう》

練習

きほん

読んでみましょう

月　日

1つ5点

10分

／100点

① 桜がさく季節。（　　）

② 車の往来が多い。（　　）

③ 快い風がふく。（　　）

④ 要望に応える。（　　）

⑤ 仮の住まい。（　　）

⑥ 議案を可決する。（　　）

⑦ 作品をひょう価する。（　　）

⑧ 仮面を付ける。（　　）

⑨ 結んだ縄が解ける。（　　）

⑩ 運河をつくる。（　　）

⑪ 店の前を行き過ぎる。（　　）

⑫ チームの応えんだん。（　　）

⑬ 河口にかかる橋。（　　）

⑭ 快速電車に乗る。（　　）

⑮ 正月を家族と過ごす。（　　）

⑯ 問題の解答を書く。（　　）

⑰ 中国の大きな河。（　　）

⑱ 試験に合格する。（　　）

⑲ 計算問題を解く。（　　）

⑳ 電車が通過する駅。（　　）

きほん

書いてみましょう

月　　日

1つ5点

10分

／100点

① □《さくら》がさく季節。

② 車の□□《おうらい》が多い。

③ □《こころよ》い風がふく。

④ 要望に□《こた》える。

⑤ □《かり》の住まい。

⑥ 議案を□□《かけつ》する。

⑦ 作品をひょう□《か》する。

⑧ □□《かめん》を付ける。

⑨ 結んだ縄が□《と》ける。

⑩ □□《うんが》をつくる。

⑪ 店の前を行き□《す》ぎる。

⑫ チームの□《おう》えんだん。

⑬ □□《かこう》にかかる橋。

⑭ □□《かいそく》電車に乗る。

⑮ 正月を家族と□《す》ごす。

⑯ 問題の□□《かいとう》を書く。

⑰ 中国の大きな□《かわ》。

⑱ 試験に□□《ごうかく》する。

⑲ 計算問題を□《と》く。

⑳ 電車が□□《つうか》する駅。

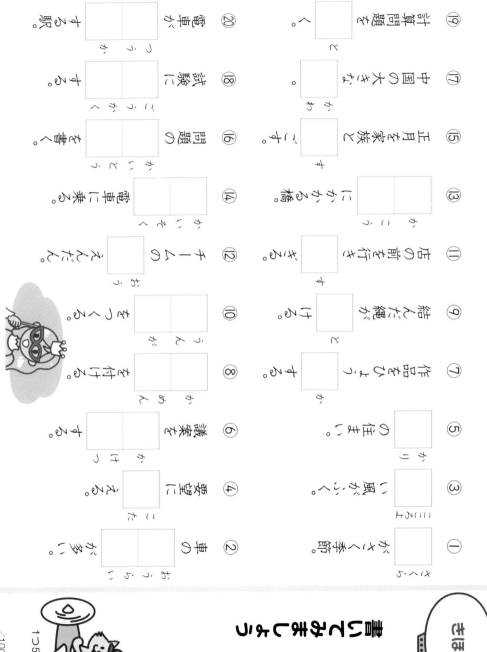

はってん

やってみましょう　2

月　　日

10分　／100点

1 ——の漢字の読みがなを書きましょう。　一つ6〔24点〕

(1) 体格（　　）のよい人。

(2) 仮（　　）の名前を付ける。

(3) 過去（　　）をふり返る。

(4) 品物の定価（　　）。

2 □にあてはまる漢字を書きましょう。　一つ7〔28点〕

(1) □《こころよ》く引き受ける。

(2) 通行をきょ□《か》する。

(3) □《さくら》のなみ木道。

(4) 話を□□《りかい》する。

3 形に気をつけて、□に漢字を書きましょう。　一つ6〔48点〕

(1) ①□《おう》ふくきっぷ　自分の②□《じゅう》所。

(2) 電話に①□《おう》じる。　②□《こう》大な草原。

(3) ①□《か》口にある町。　②□《なに》一つ無い部屋。

(4) ①□《かい》晴の空。　委員を②□《き》める。

答えは81ページ

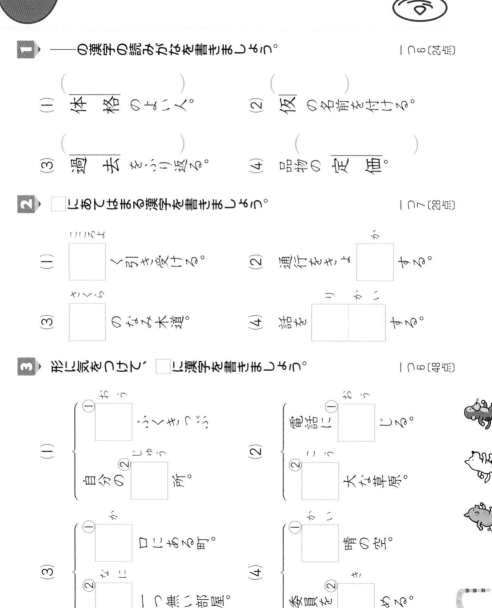

筆順 1 2 3 4 5 まちがえやすいところ …

…まちがえやすい漢字

漢字	読み方	画数	部首	言葉
確	カク たしか たしかめる	15画	石 いしへん	確実《かくじつ》・確《たし》かな事実《じじつ》
額	ガク ひたい 	18画	頁 おおがい	金額《きんがく》・ねこの額《ひたい》
刊	カン —	5画	刂 りっとう	月刊《げっかん》・朝刊《ちょうかん》
幹	カン みき 	13画	干 かん	新幹線《しんかんせん》・木の幹《みき》
慣	カン なれる ならす	14画	忄 りっしんべん	習慣《しゅうかん》・慣《な》れ親《した》しむ
眼	ガン・(ゲン) (まなこ)	11画	目 めへん	眼科《がんか》・肉眼《にくがん》
紀	キ —	9画	糸 いとへん	紀行文《きこうぶん》・風紀《ふうき》
基	キ (もと) (もとい)	11画	土 つち	基準《きじゅん》・基本《きほん》
寄	キ よる・よせる	11画	宀 うかんむり	寄付《きふ》・近寄《ちかよ》る
規	キ —	11画	見 みる	規定《きてい》・定規《じょうぎ》
喜	キ よろこぶ	12画	口 くち	喜劇《きげき》・大喜《おおよろこ》び

練習

きほん

読んでみましょう

月　　日

1つ5点

10分

／100点

① 確かなじょうほう。

② 新幹線の駅。

③ 寒さに体を慣らす。

④ 正確な時計。

⑤ 答えを確かめる。

⑥ 半額で売る商品。

⑦ 額にあせをかく。

⑧ 肉眼で見える星。

⑨ 木の太い幹。

⑩ 今は二十一世紀だ。

⑪ 朝刊を読む。

⑫ 泳ぎの基本。

⑬ 学校に慣れる。

⑭ 早起きの習慣。

⑮ 花屋に立ち寄る。

⑯ 寄付金をつのる。

⑰ 喜げきを見て楽しむ。

⑱ 三角定規を使う。

⑲ はまに波が寄せる。

⑳ 喜び勇むすがた。

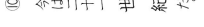

きほん

書いてみましょう

月　日

1つ5点

10分

／100点

① □《たし》かなじょうほう。

② □□□《しんかんせん》の駅。

③ 寒さに体を□《な》らす。

④ □□《せいかく》な時計。

⑤ 答えを□《たし》かめる。

⑥ □□《はんがく》で売る商品。

⑦ □《ひたい》にあせをかく。

⑧ □□《にくがん》で見える星。

⑨ 木の太い□《みき》。

⑩ 今は二十一□□《せいき》だ。

⑪ □□《ちょうかん》を読む。

⑫ 泳ぎの□□《きほん》。

⑬ 学校に□《な》れる。

⑭ 早起きの□□《しゅうかん》。

⑮ 花屋に立ち□《よ》る。

⑯ □□□《きふきん》をつのる。

⑰ □《き》げきを見て楽しむ。

⑱ 三角□□《じょうぎ》を使う。

⑲ はまに波が□《よ》せる。

⑳ □《よろこ》び勇むすがた。

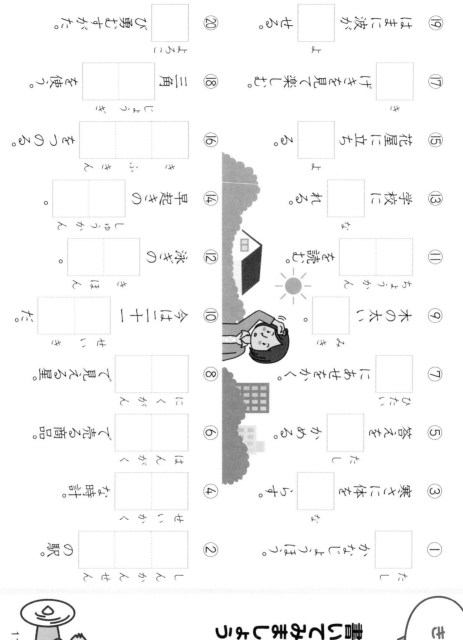

はってん

やってみましょう 3

月　日

／100点　10分

1 ——の漢字の読みがなを書きましょう。　一つ6〔24点〕

(1) 喜（　　）びの声を上げる。

(2) 外国船が寄港（　　）する。

(3) 卒業記念の寄（　　）せ書き。

(4) 喜（　　）げきを見る。

2 □にあてはまる漢字を書きましょう。　一つ7〔28点〕

(1) □《たし》かなしょうこ。

(2) ねこの□《ひたい》ほどの広さ。

(3) 観そく□□《きち》

(4) 当選が□□《かくじつ》になる。

3 ①と②の□の部分を組み合わせて八つの漢字を作り、□に書きましょう。　一つ6〔48点〕

①		②	
頁	己	石	糸
雀	夫	貫	目
刂	忄	客	干
艮	卓	見	全

□　□　□　□

□　□　□　□

答えは81ページ

筆順 1 2 3 4 5 まちがえやすいところ…

…まちがえやすい漢字

漢字	読み方	画数	部首	筆順	言葉	練習
技	ギ (わざ)	7画	扌 てへん	技	技術《ぎじゅつ》・競技《きょうぎ》	
義	ギ —	13画	羊 ひつじ	義	義務《ぎむ》・正義《せいぎ》	
逆	ギャク さか さからう	9画	辶 しんにょう	逆	逆転《ぎゃくてん》・逆《さか》さま	
久	キュウ・(ク) ひさしい	3画	ノ の	ノ ク 久	持久走《じきゅうそう》・久《ひさ》しぶり	
旧	キュウ —	5画	日 ひ	旧	旧式《きゅうしき》・新旧《しんきゅう》	
救	キュウ すくう	11画	攵 のぶん	救	救助《きゅうじょ》・命《いのち》を救《すく》う	
居	キョ いる 	8画	尸 かばね	居	住居《じゅうきょ》・居間《いま》	
許	キョ ゆるす	11画	言 ごんべん	許	許可《きょか》・失敗《しっぱい》を許《ゆる》す	
境	キョウ・(ケイ) さかい	14画	土 つちへん	境	境界《きょうかい》・境目《さかいめ》	
均	キン —	7画	土 つちへん	均	均等《きんとう》・平均《へいきん》	
禁	キン —	13画	示 しめす	禁	解禁《かいきん》・禁止《きんし》	

きほん

読んでみましょう

月　日

1つ5点

10分

／100点

① 別れてだいぶ久しい。

② 両親と同居する。

③ 海とは逆の方向。

④ 逆立ちをする。

⑤ つみを許す。

⑥ 永久にほぞんする。

⑦ 運動会の競技。

⑧ 旧式のカメラ。

⑨ けが人を救う。

⑩ 正義をつらぬく。

⑪ 遊泳禁止の区いき。

⑫ 一日中家に居る。

⑬ 生死の境をさまよう。

⑭ 入室を許可する。

⑮ 意義のある時間。

⑯ 町と町との境界。

⑰ 流れに逆らって泳ぐ。

⑱ 救急車をよぶ。

⑲ 救命ボート

⑳ テストの平均点。

きほん

書いてみましょう

月　日

1つ5点

10分

／100点

① 別れてだいぶ□《ひさ》しい。

② 両親と□□《どうきょ》する。

③ 海とは□《ぎゃく》の方向。

④ □□《さかだ》ちをする。

⑤ つみを□《ゆる》す。

⑥ □□《えいきゅう》にほぞんする。

⑦ 運動会の□□《きょうぎ》。

⑧ □□《きゅうしき》のカメラ。

⑨ けが人を□《すく》う。

⑩ □□《せいぎ》をつらぬく。

⑪ 遊泳□□《きんし》の区いき。

⑫ 一日中家に□《い》る。

⑬ 生死の□《さかい》をさまよう。

⑭ 入室を□□《きょか》する。

⑮ □□《いぎ》のある時間。

⑯ 町と町との□□《きょうかい》。

⑰ 流れに□《さか》らって泳ぐ。

⑱ □□□《きゅうきゅうしゃ》をよぶ。

⑲ □□《きゅうめい》ボート

⑳ テストの□□□《へいきんてん》。

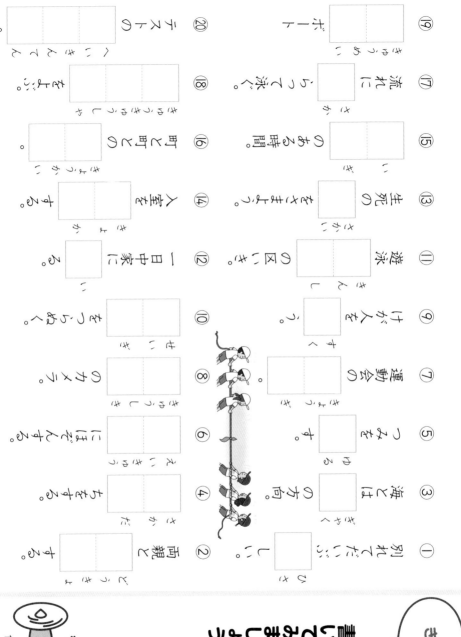

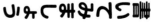

はってん

やってみましょう　4

月　日

10分　／100点

1 ――の漢字の読みがなを書きましょう。　一つ6〔24点〕

(1) おぼれた人を救う。（　　）

(2) 救急車が通る。（　　）

(3) となりの家との境界。（　　）

(4) 県と県の境を流れる川。（　　）

2 □にあてはまる漢字を書きましょう。　一つ7〔28点〕

(1) □《ぎゃく》もどりする。

(2) 他県に□□《てんきょ》する。

(3) 命令に□《さか》らう。

(4) あやまちを□《ゆる》す。

3 意味を考えて、次の読み方の漢字を□に書きましょう。　一つ6〔48点〕

(1) ギ
- 民主主①□国家
- 高い②□じゅつ。

(2) キュウ
- 新①□の交代。
- 持②□走を行う。

(3) キョ
- 新しい住①□。
- 車のめん②□。

(4) キン
- 百円①□一の商品。
- ②□漁の期間。

答えは81ページ

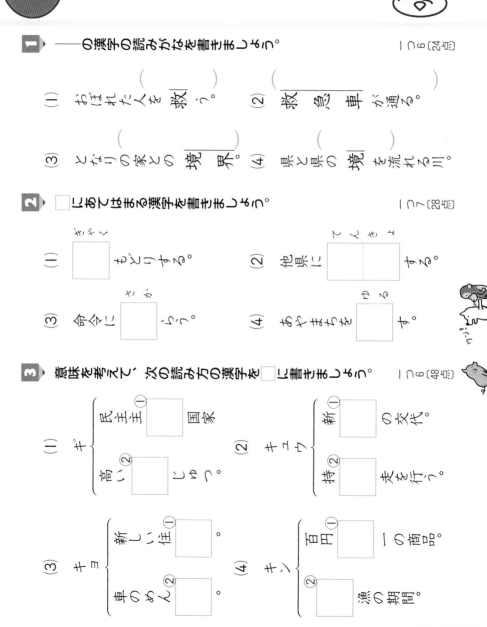

筆順 1 2 3 4 5 まちがえやすいところ …

漢字	読み方	画数	部首	筆順	言葉
句	ク / —	5画	口 くち	ノ 勹 勺 句 句	句点《くてん》・語句《ごく》
型	ケイ / かた	9画	土 つち	一 二 开 刑 型 型	典型的《てんけいてき》・新型《しんがた》
経	ケイ (キョウ) / へる	11画	糸 いとへん	く 幺 糸 紀 経 経 経	経験《けいけん》・年《とし》を経《へ》る
潔	ケツ / (いさぎよい)	15画	氵 さんずい	氵 沪 潔 潔 潔 潔	清潔《せいけつ》・不潔《ふけつ》
件	ケン / —	6画	イ にんべん	ノ イ 仁 仵 件	事件《じけん》・用件《ようけん》
険	ケン / けわしい	11画	阝 こざとへん	阝 阝 阶 険 険 険	険悪《けんあく》・険《けわ》しい道《みち》
検	ケン / —	12画	木 きへん	一 十 木 杉 検 検 検	検定《けんてい》・点検《てんけん》
限	ゲン / かぎる	9画	阝 こざとへん	阝 阝 阝 限 限 限	期限《きげん》・時間《じかん》を限《かぎ》る
現	ゲン / あらわれる / あらわす	11画	王 おうへん	一 T 王 玑 現 現 現	現金《げんきん》・正体《しょうたい》を現《あらわ》す
減	ゲン / へる・へらす	12画	氵 さんずい	氵 沂 沂 減 減 減	減少《げんしょう》・ごみが減《へ》る
故	コ / (ゆえ)	9画	攵 のぶん	一 十 古 古 古 故 故	故意《こい》・事故《じこ》

練習

故 減 現 限 検 険 件 潔 経 型 句

まちがえやすい漢字

きほん

読んでみましょう

月　日

1つ5点

10分

／100点

① ぼう険（　　）小説を読む。

② 神経（　　）をとがらせる。

③ 当選者数を百名に限（　　）る。

④ 手を清潔（　　）にする。

⑤ 五年の月日を経（　　）る。

⑥ 事件（　　）が解決する。

⑦ 険（　　）しい山道を歩く。

⑧ ふろの湯加減（　　）。

⑨ 空ににじが現（　　）れる。

⑩ 火の元を点検（　　）する。

⑪ 交通事故（　　）が起きる。

⑫ 言葉で表現（　　）する。

⑬ たぬきがすがたを現（　　）す。

⑭ 文句（　　）を言う。

⑮ 体重が減（　　）る。

⑯ 賞《しょう》味期限（　　）を見る。

⑰ 車の模《も》型（　　）を作る。

⑱ 朝、検温（　　）する。

⑲ ごみの量を減（　　）らす。

⑳ 大型（　　）のバスに乗る。

きほん

書いてみましょう

月　　日

1つ5点

10分

／100点

① ぼう□《けん》小説を読む。

② □□《しんけい》をとがらせる。

③ 当選者数を百名に□《かぎ》る。

④ 手を□□《せいけつ》にする。

⑤ 五年の月日を□《へ》る。

⑥ □□《じけん》が解決する。

⑦ □《けわ》しい山道を歩く。

⑧ ふろの□□□《ゆかげん》。

⑨ 空ににじが□《あらわ》れる。

⑩ 火の元を□□《てんけん》する。

⑪ 交通□□《じこ》が起きる。

⑫ 言葉で□□《ひょうげん》する。

⑬ たぬきがすがたを□《あらわ》す。

⑭ □□《もんく》を言う。

⑮ 体重が□《へ》る。

⑯ 賞《しょう》味□□《きげん》を見る。

⑰ 車の模《も》□《けい》を作る。

⑱ 朝、□□《けんおん》する。

⑲ ごみの量を□《へ》らす。

⑳ □□《おおがた》のバスに乗る。

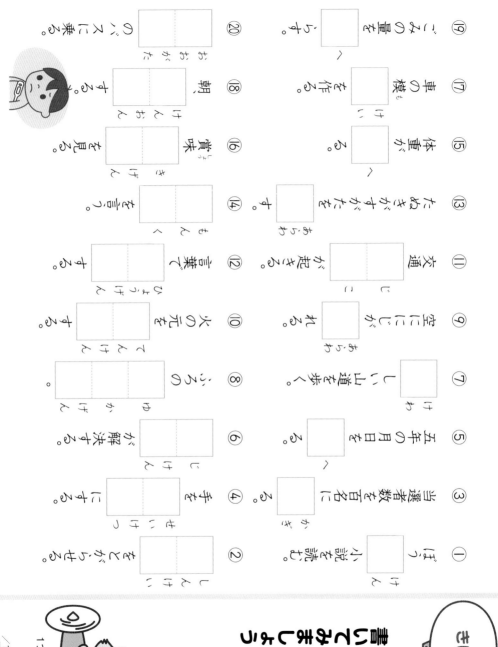

はってん

やってみましょう　5

月　日

10分　／100点

1 ――の漢字の読みがなを書きましょう。　一つ6〔24点〕

(1) 長い年月を経る。（　　）

(2) 経験がゆたかな人。（　　）

(3) きつねが現れる。（　　）

(4) ゆめが現実になる。（　　）

2 □にあてはまる漢字を書きましょう。　一つ7〔28点〕

(1) 文末の□□《くてん》。

(2) □□《こじ》成語を知る。

(3) 体力の□□《げんかい》。

(4) □□《こがた》の車。

3 次の部首の付く漢字を、□に書きましょう。　一つ6〔48点〕

(1) 氵
①ごみを□《へ》らす。
②□□《せいけつ》な手。

(2) 亻
①用□《けん》を言う。
②□《か》設《せっ》の建物。

(3) 阝
①□《けわ》しい岩山。
②人数を□《かぎ》る。

(4) 木
①漢字の□《けん》定試験。
②がっしりした体□《かく》。

答えは81ページ

……まちがえやすい漢字

筆順 1 2 3 4 5 まちがえやすいところ…

漢字	個	護	効	厚	耕	航	鉱	構	興	講	告
読み方	コ —	ゴ —	コウ きく	(コウ) あつい 	コウ たがやす	コウ — 	コウ —	コウ かまえる かまう	コウ・キョウ (おこる) (おこす)	コウ —	コク つげる
画数	10画	20画	8画	9画	10画	10画	13画	14画	16画	17画	7画
部首	イ にんべん	言 ごんべん	力 ちから	厂 がんだれ	耒 すきへん	舟 ふねへん	金 かねへん	木 きへん	臼 (臼) うす	言 ごんべん	口 くち
言葉	個人《こじん》・個別《こべつ》	救護《きゅうご》・保護《ほご》	効果《こうか》・効《き》き目《め》	厚紙《あつがみ》・分厚《ぶあつ》い	耕作《こうさく》・畑《はたけ》を耕《たがや》す	航海《こうかい》・出航《しゅっこう》	鉱山《こうざん》・鉱物《こうぶつ》	構成《こうせい》・店《みせ》を構《かま》える	復興《ふっこう》・興味《きょうみ》	講演《こうえん》・講習会《こうしゅうかい》	広告《こうこく》・春《はる》を告《つ》げる
練習	個	護	効	厚	耕	航	鉱	構	興	講	告

きほん

読んでみましょう

月　日

1つ5点

10分　／100点

① かぜに効く薬。

② 国王を護衛する。

③ 大きな家を構える。

④ きっぷが無効になる。

⑤ 個人的な意見。

⑥ 自分の名前を告げる。

⑦ 長い航海に出る。

⑧ 鉱物しげんをほる。

⑨ 興ふんを静める。

⑩ 絵の構図を決める。

⑪ 畑を耕す。

⑫ 話に興味をもつ。

⑬ 看《かん》護師《し》になる。

⑭ 航空機に乗る。

⑮ 身なりに構わずに行く。

⑯ 先生の講演を聞く。

⑰ 厚いコートを着る。

⑱ あの人は個性《せい》ゆたかだ。

⑲ 新聞の広告を見る。

⑳ 土地を耕作する。

きほん

書いてみましょう

月　日

1つ5点

10分

／100点

① かぜに□《き》く薬。

② 国王を□□《ごえい》する。

③ 大きな家を□《かま》える。

④ きっぷが□□《むこう》になる。

⑤ □□□《こじんてき》な意見。

⑥ 自分の名前を□《つ》げる。

⑦ 長い□□《こうかい》に出る。

⑧ □□《こうぶつ》しげんをほる。

⑨ □《こう》ふんを静める。

⑩ 絵の□□《こうず》を決める。

⑪ 畑を□《たがや》す。

⑫ 話に□□《きょうみ》をもつ。

⑬ 看《かん》□《ご》師《し》になる。

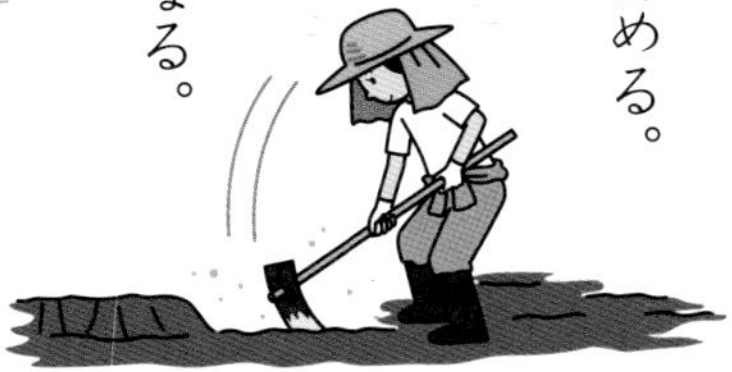

⑭ □□□《こうくうき》に乗る。

⑮ 身なりに□《かま》わずに行く。

⑯ 先生の□□《こうえん》を聞く。

⑰ □《あつ》いコートを着る。

⑱ あの人は□《こ》性《せい》ゆたかだ。

⑲ 新聞の□□《こうこく》を見る。

⑳ 土地を□□《こうさく》する。

はってん

やってみましょう　6

月　日

10分　／100点

1 ——の漢字の読みがなを書きましょう。　一つ6〔24点〕

(1) 耕地（　　）の面積。

(2) 個（　　）展《てん》を開く。

(3) 定期船の運航（　　）。

(4) 土地を耕（　　）す。

2 □にあてはまる漢字を書きましょう。　一つ7〔28点〕

(1) 余《よ》□《きょう》で手品をする。

(2) けが人を□□《きゅうご》する。

(3) じゅう道の□《かま》え。

(4) 昔の□□《たんこう》のあと。

3 形に気をつけて、□に漢字を書きましょう。　一つ6〔24点〕

(1) ①□《こう》山をほる。　②実験が成□《こう》する。

(2) ①自動車の□《こう》ぞう。　②夏期□《こう》習を受ける。

4 次の送りがなの付く漢字を⬚から選んで、□に書きましょう。　一つ6〔24点〕

(1) □い

(2) □す

(3) □く

(4) □げる

耕　効　告　厚

答えは81ページ

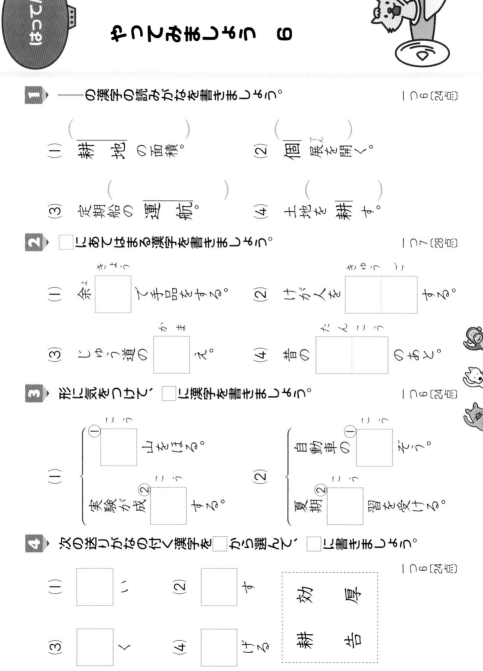

筆順　1　2　3　4　5　まちがえやすいところ …

…まちがえやすい漢字

漢字	読み方	画数	部首	言葉
混	コン　まじる・まざる　まぜる・こむ	11画	氵 さんずい	混雑《こんざつ》・道《みち》が混《こ》む
査	サ　― 	9画	木 き	検査《けんさ》・調査《ちょうさ》
再	サイ・サ　ふたたび	6画	冂 どうがまえ	再現《さいげん》・再《ふたた》び出会《であ》う
災	サイ　(わざわい)	7画	火 ひ	火災《かさい》・災害《さいがい》
妻	サイ　つま	8画	女 おんな	妻子《さいし》・妻《つま》と夫《おっと》
採	サイ　とる 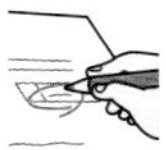	11画	扌 てへん	採点《さいてん》・山菜《さんさい》採《と》り
際	サイ　(きわ)	14画	阝 こざとへん	国際《こくさい》・実際《じっさい》
在	ザイ　ある	6画	土 つち	現在《げんざい》・在《あ》り方《かた》
財	ザイ・(サイ)　―	10画	貝 かいへん	財産《ざいさん》・文化財《ぶんかざい》
罪	ザイ　つみ	13画	罒 あみがしら	犯罪《はんざい》・罪深《つみぶか》い
殺	サツ　(サイ・セツ)　ころす	10画	殳 るまた	殺風景《さっぷうけい》・息《いき》を殺《ころ》す

練習

きほん

読んでみましょう

月　日

1つ5点

10分

／100点

① 左右を混同する。（　　）

② 人で混み合う。（　　）

③ ざつ音が混じる。（　　）

④ 血液の検査をする。（　　）

⑤ 再び島をおとずれる。（　　）

⑥ 再来週の予定。（　　）

⑦ 旧友と再会する。（　　）

⑧ 学級会の在り方。（　　）

⑨ 国際会議を開く。（　　）

⑩ 火災に気をつける。（　　）

⑪ 山菜を採る。（　　）

⑫ 田中さん夫妻（　　）

⑬ 殺虫ざいを使う。（　　）

⑭ こん虫を採集する。（　　）

⑮ 罪をつぐなう。（　　）

⑯ 結こんして妻となる。（　　）

⑰ 罪悪感をいだく。（　　）

⑱ 現在いる場所。（　　）

⑲ 息を殺す。（　　）

⑳ 重要文化財（　　）

きほん

書いてみましょう

月　日

1つ5点

10分

／100点

① 左右を□□《こんどう》する。

② 人で□《こ》み合う。

③ ざつ音が□《ま》じる。

④ 血液の□□《けんさ》をする。

⑤ □《ふたた》び島をおとずれる。

⑥ □□□《さらいしゅう》の予定。

⑦ 旧友と□□《さいかい》する。

⑧ 学級会の□《あ》り方。

⑨ □□《こくさい》会議を開く。

⑩ □□《かさい》に気をつける。

⑪ 山菜を□《と》る。

⑫ 田中さん□□《ふさい》

⑬ □□《さっちゅう》ざいを使う。

⑭ こん虫を□□《さいしゅう》する。

⑮ □《つみ》をつぐなう。

⑯ 結こんして□《つま》となる。

⑰ □□□《ざいあくかん》をいだく。

⑱ □□《げんざい》いる場所。

⑲ 息を□《ころ》す。

⑳ 重要□□□《ぶんかざい》

はってん

やってみましょう　７

月　日

10分

／100点

1 ――の漢字の読みがなを書きましょう。　一つ６〔24点〕

(1) ゲームを再開する。（　　　）

(2) 再び読む。（　　　）

(3) 会議の在り方。（　　　）

(4) 実在する人物。（　　　）

2 □にあてはまる漢字を書きましょう。　一つ７〔28点〕

(1) 国の□《ざい》せい。

(2) テストの□□《さいてん》。

(3) 学力□□《こうさ》の結果。

(4) □□《じっさい》にあった出来事。

3 ①と②の□の部分を組み合わせて八つの漢字を作り、□に書きましょう。　一つ６〔48点〕

①

非	木
巛	氵
女	才
阝	糸

②

罒	⺺
殳	且
祭	貝
火	昆

□□□□

□□□□

答えは82ページ

筆順 1 2 3 4 5 まちがえやすいところ…

…まちがえやすい漢字

漢字	読み方	画数	部首	部首名	筆順	言葉
雑	ザツ・ゾウ / ―	14画	隹	ふるとり	雑	雑音《ざつおん》・雑木林《ぞうきばやし》
酸	サン / (すい)	14画	酉	とりへん	酸	酸性《さんせい》・炭酸《たんさん》
賛	サン / ―	15画	貝	かい	賛	賛成《さんせい》・絶賛《ぜっさん》
士	シ / ―	3画	士	さむらい	一十士	武士《ぶし》・力士《りきし》
支	シ / ささえる	4画	支	し	一十ち支	支持《しじ》・柱《はしら》を支《ささ》える
史	シ / ―	5画	口	くち	史	史実《しじつ》・日本史《にほんし》
志	シ / こころざす・こころざし	7画	心	こころ	一十士志	意志《いし》・志《こころざし》が高《たか》い
枝	(シ) / えだ	8画	木	きへん	一十木枝	枝豆《えだまめ》・小枝《こえだ》
師	シ / ―	10画	巾	はば	師	医師《いし》・教師《きょうし》
資	シ / ―	13画	貝	かい	資	資格《しかく》・資料《しりょう》
飼	シ / かう	13画	食	しょくへん	飼	飼育《しいく》・ねこを飼《か》う

練習

きほん

読んでみましょう

月　日

1つ5点　10分　／100点

① 電車が混雑する。

② 雑木林が残る。

③ てい案に賛成する。

④ 酸味のある食べ物。

⑤ 柱で屋根を支える。

⑥ 昔の武《ぶ》士のすがた。

⑦ 日本史を学ぶ。

⑧ 王が支配する。

⑨ 本を支給する。

⑩ 画家を志す。

⑪ 会社せつ立の資金。

⑫ 島にいる医師の数。

⑬ 入学志願者

⑭ 教師を目指す。

⑮ 家でねこを飼う。

⑯ 世界のれき史。

⑰ 木の枝に小鳥がとまる。

⑱ 会議の資料を作る。

⑲ 大きな志をいだく。

⑳ うさぎを飼育する。

きほん

書いてみましょう

月　日

1つ5点

10分

／100点

① 電車が□□《こんざつ》する。

② □□□《ぞうきばやし》が残る。

③ てい案に□□《さんせい》する。

④ □□《さんみ》のある食べ物。

⑤ 柱で屋根を□《ささ》える。

⑥ 昔の武《ぶ》□《し》のすがた。

⑦ 日本□《し》を学ぶ。

⑧ 王が□□《しはい》する。

⑨ 本を□□《しきゅう》する。

⑩ 画家を□《こころざ》す。

⑪ 会社せつ立の□□《しきん》。

⑫ 島にいる□□《いし》の数。

⑬ 入学□□《しがん》者

⑭ □□《きょうし》を目指す。

⑮ 家でねこを□《か》う。

⑯ 世界のれき□《し》。

⑰ 木の□《えだ》に小鳥がとまる。

⑱ 会議の□□《しりょう》を作る。

⑲ 大きな□《こころざし》をいだく。

⑳ うさぎを□□《しいく》する。

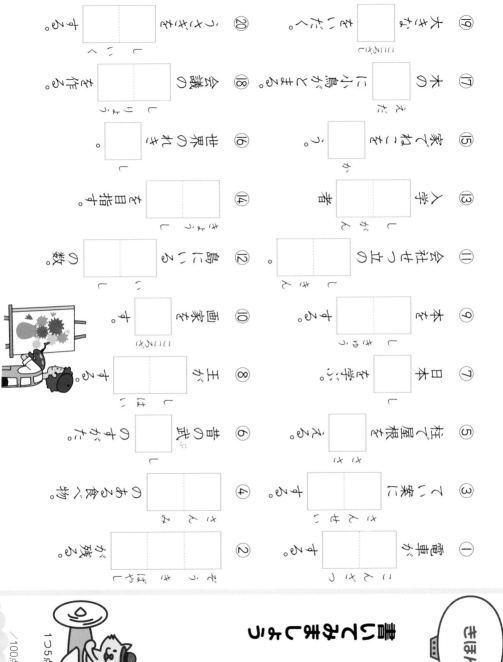

はってん

やってみましょう　8

月　日

10分　／100点

1 ――の漢字の読みがなを書きましょう。　一つ6〔24点〕

(1) 雑草をぬく。( )

(2) 漁師に話を聞く。( )

(3) 町の名士。( )

(4) 一家の安全を支える。( )

2 □にあてはまる漢字を書きましょう。　一つ7〔28点〕

(1) 作家を□《こころざ》す。

(2) 意見に□□《さんどう》する。

(3) □□《しじょう》初の試み。

(4) □□《えだまめ》を食べる。

3 次の画数の漢字を[ ]から選んで、□に書きましょう。　一つ6〔24点〕

(1) 13画　□　□

(2) 14画　□　□

[酸　飼　資　雑]

4 次の部首の付く漢字を、□に書きましょう。　一つ6〔24点〕

(1) 心
① 記□《ねん》切手
② □《し》望動機

(2) 貝
① 自然を□《さん》美する。
② 金□《か》を手にする。

答えは82ページ

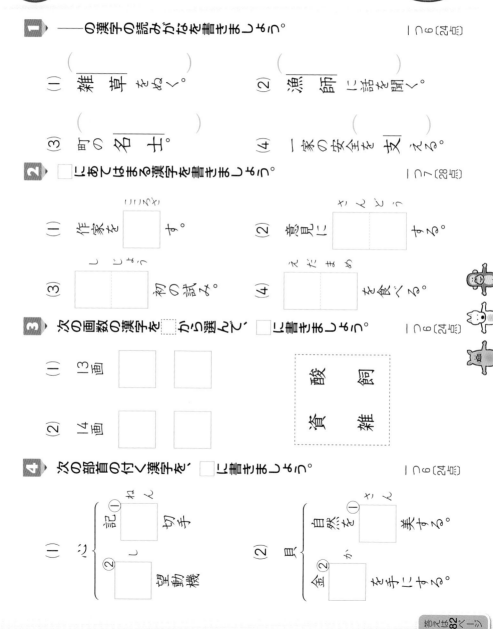

筆順 1 2 3 4 5 まちがえやすいところ …

…まちがえやすい漢字

漢字	読み方	画数	部首	言葉
示	ジ・(シ) しめす	5画	示 しめす	指示《しじ》・考《かん》えを示《しめ》す
似	(ジ) にる	7画	イ にんべん	似《に》合《あ》う・似顔絵《にがおえ》
識	シキ —	19画	言 ごんべん	意識《いしき》・常識《じょうしき》
質	シツ (シチ・チ) —	15画	貝 かい	質問《しつもん》・性質《せいしつ》
舎	シャ — 	8画	舌(舌) した	校舎《こうしゃ》・宿舎《しゅくしゃ》
謝	シャ (あやまる)	17画	言 ごんべん	感謝《かんしゃ》・謝礼《しゃれい》
授	ジュ (さずける) (さずかる)	11画	扌 てへん	教授《きょうじゅ》・授業《じゅぎょう》
修	シュウ・(シュ) おさめる おさまる	10画	イ にんべん	修理《しゅうり》・身《み》が修《おさ》まる
述	ジュツ のべる	8画	辶 しんにょう	記述《きじゅつ》・礼《れい》を述《の》べる
術	ジュツ — 	11画	行 ぎょうがまえ	芸術《げいじゅつ》・手術《しゅじゅつ》
準	ジュン —	13画	氵 さんずい	基準《きじゅん》・準決勝《じゅんけっしょう》

画数・部首・筆順・言葉

練習

きほん

読んでみましょう

月　　日

1つ5点

10分

／100点

①手本を示す。

②作業を指示する。

③似た顔の兄弟。

④意識を失う。

⑤月謝をおさめる。

⑥先生に質問する。

⑦とても固い物質。

⑧知識をたくわえる。

⑨学問を修める。

⑩新しい校舎。

⑪大学の教授に会う。

⑫感謝の気持ち。

⑬意見を述べる。

⑭国語の授業。

⑮長さの基準。

⑯屋根を修理する。

⑰ノートに記述する。

⑱芸術作品を見る。

⑲文を修正する。

⑳準決勝の試合。

きほん

書いてみましょう

月　　日

1つ5点

／100点　10分

①　手本を□《しめ》す。

②　作業を□□《しじ》する。

③　□《に》た顔の兄弟。

④　□□《いしき》を失う。

⑤　□□《げっしゃ》をおさめる。

⑥　先生に□□《しつもん》する。

⑦　とても固い□□《ぶっしつ》。

⑧　□□《ちしき》をたくわえる。

⑨　学問を□《おさ》める。

⑩　新しい□□《こうしゃ》。

⑪　大学の□□《きょうじゅ》に会う。

⑫　□□《かんしゃ》の気持ち。

⑬　意見を□《の》べる。

⑭　国語の□□《じゅぎょう》。

⑮　長さの□□《きじゅん》。

⑯　屋根を□□《しゅうり》する。

⑰　ノートに□□《きじゅつ》する。

⑱　□□《げいじゅつ》作品を見る。

⑲　文を□□《しゅうせい》する。

⑳　□□□《じゅんけっしょう》の試合。

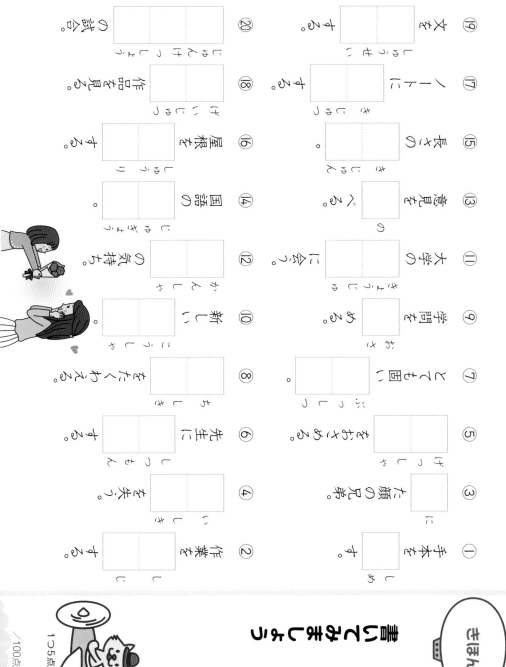

はってん

やってみましょう　9

月　　日

10分

／100点

1 ――の漢字の読みがなを書きましょう。　一つ6〔24点〕

(1) 似顔絵をかく。（　　）

(2) グラフで示す。（　　）

(3) 悪質ないたずら。（　　）

(4) わざを伝授する。（　　）

2 □にあてはまる漢字を書きましょう。　一つ7〔28点〕

(1) 考古学を□《おさ》める。

(2) 水□《じゅん》が高い。

(3) 考えを□《の》べる。

(4) 道路□□《ひょうしき》

3 意味を考えて、次の読み方の漢字を□に書きましょう。　一つ6〔48点〕

(1) シュウ　①□学旅行　②池の□囲。

(2) ジュツ　①主語と□語。　②手□をする。

(3) シャ　①□礼の品。　②宿□をさがす。

(4) ジュン　①採点の基□。　②漢字の筆□。

答えは82ページ

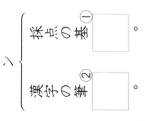

筆順 1 2 3 4 5 まちがえやすいところ…

…まちがえやすい漢字

漢字	読み方	画数	部首	筆順	言葉	練習
序	ジョ / —	7画	广 まだれ	丶 广 庁 庁 序 序	順序《じゅんじょ》・序文《じょぶん》	
招	ショウ / まねく	8画	扌 てへん	一 十 扌 扨 招 招 招	招待《しょうたい》・家《いえ》へ招《まね》く	
証	ショウ / —	12画	言 ごんべん	亠 言 訂 訂 訂 証 証	証明《しょうめい》・保証《ほしょう》	
象	ショウ / ゾウ / —	12画	豕 ぶた	ク 缶 缶 免 象 象	印象《いんしょう》・象《ぞう》の群《む》れ	
賞	ショウ / —	15画	貝 かい	丨 ⺍ 尚 賞 賞 賞	金賞《きんしょう》・賞品《しょうひん》	
条	ジョウ / —	7画	木 き	ノ ク 夂 夂 冬 条 条	条約《じょうやく》・信条《しんじょう》	
状	ジョウ / —	7画	犬 いぬ	丨 丬 丬 丬 壮 状 状	現状《げんじょう》・年賀状《ねんがじょう》	
常	ジョウ / つね・(とこ)	11画	巾 はば	丨 ⺍ 尚 常 常 常	常識《じょうしき》・常《つね》に	
情	ジョウ / (セイ) / なさけ	11画	忄 りっしんべん	丶 忄 忄 忄 情 情 情	友情《ゆうじょう》・情《なさ》け深《ぶか》い	
織	(ショク) / シキ / おる	18画	糸 いとへん	纟 糸 糸 繒 織 織 織	組織《そしき》・布《ぬの》を織《お》る	
職	ショク / —	18画	耳 みみへん	一 丅 耳 聀 職 職 職	職員室《しょくいんしつ》・職業《しょくぎょう》	

きほん

読んでみましょう

月　日

1つ5点

10分

／100点

①家に友達を招く。

②国会で証言する。

③賞金が当たる。

④順序よくならぶ。

⑤真実を証明する。

⑥動物園で象を見る。

⑦食品の賞味期限。

⑧印象深い思い出。

⑨条例が出される。

⑩たん生会への招待。

⑪常に元気な人。

⑫年賀状を出す。

⑬情け深い人。

⑭外国と条約を結ぶ。

⑮感情が高ぶる。

⑯日常の出来事。

⑰職業につく。

⑱親の心情を察する。

⑲機械でぬのを織る。

⑳人体の組織。

きほん

書いてみましょう

月　　日

1つ5点

10分

／100点

① 家に友達を□《まね》く。

② 国会で□□《しょうげん》する。

③ □□《しょうきん》が当たる。

④ □□《じゅんじょ》よくならぶ。

⑤ 真実を□□《しょうめい》する。

⑥ 動物園で□《ぞう》を見る。

⑦ 食品の□□《しょうみ》期限。

⑧ □□《いんしょう》深い思い出。

⑨ □□《じょうれい》が出される。

⑩ たん生会への□□《しょうたい》。

⑪ □《つね》に元気な人。

⑫ □□□《ねんがじょう》を出す。

⑬ □《なさ》け深い人。

⑭ 外国と□□《じょうやく》を結ぶ。

⑮ □□《かんじょう》が高ぶる。

⑯ □□《にちじょう》の出来事。

⑰ □□《しょくぎょう》につく。

⑱ 親の□□《しんじょう》を察する。

⑲ 機械でぬのを□《お》る。

⑳ 人体の□□《そしき》。

はってん

やってみましょう　10

月　日

10分　／100点

1 ――の漢字の読みがなを書きましょう。　一つ6〔24点〕

(1) 職員室（　　）に行く。
(2) 本の序文（　　）を読む。
(3) 組織（　　）を作る。
(4) きれいな織物（　　）。

2 □にあてはまる漢字を書きましょう。　一つ7〔28点〕

(1) か□《じょう》書きにする。
(2) パーティーに□《まね》く。
(3) □《なさ》けをかける。
(4) □《つね》に健康をたもつ。

3 意味を考えて、次の読み方の漢字を□に書きましょう。　一つ6〔48点〕

(1) ショウ
- 品質の保《ほ》①□。
- 相手の印②□。
- 会を③□集する。
- ④□味期限

(2) ジョウ
- ①□熱
- 三つの②□件。
- 病③□の悪化。
- 非《ひ》④□口

答えは82ページ

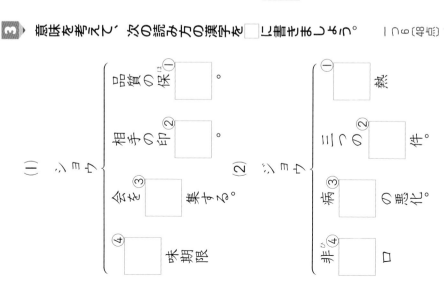

筆順 1 2 3 4 5 まちがえやすいところ …

…まちがえやすい漢字

漢字	読み方	画数	部首	部首名	言葉
制	セイ ―	8画	刂	りっとう	制限《せいげん》・制度《せいど》
性	セイ（ショウ） ―	8画	忄	りっしんべん	共通性《きょうつうせい》・性能《せいのう》
政	セイ（ショウ） （まつりごと）	9画	攵	のぶん	政治《せいじ》・政府《せいふ》
勢	セイ いきおい	13画	力	ちから	運勢《うんせい》・勢《いきお》いがよい
精	セイ（ショウ） ―	14画	米	こめへん	精算《せいさん》・精神《せいしん》
製	セイ ―	14画	衣	ころも	製品《せいひん》・手製《てせい》
税	ゼイ ―	12画	禾	のぎへん	消費税《しょうひぜい》・税金《ぜいきん》
責	セキ せめる	11画	貝	かい	責任《せきにん》・人《ひと》を責《せ》める
績	セキ ―	17画	糸	いとへん	実績《じっせき》・成績《せいせき》
接	セツ（つぐ）	11画	扌	てへん	接近《せっきん》・直接《ちょくせつ》
設	セツ もうける	11画	言	ごんべん	建設《けんせつ》・席《せき》を設《もう》ける

練習

きほん

読んでみましょう

月　日

1つ5点

10分

／100点

① 強い勢力の台風。
② おとなしい性格。
③ 車の制限速度。
④ 国の政治を行う。
⑤ 勢いよくかけ出す。
⑥ ビルを建設する。
⑦ 中学校の制服。
⑧ 失敗を責める。
⑨ 責にんを取る。
⑩ 仕事の実績。
⑪ 税金をおさめる。
⑫ 精神を集中する。
⑬ 面接試験を受ける。
⑭ 外国製のカメラ。
⑮ 席を設ける。
⑯ 家の設計図。
⑰ 来年の運勢。
⑱ 新製品を売る。
⑲ 会社で重責を負う。
⑳ 性質を調べる。

きほん

書いてみましょう

月　日

1つ5点

10分

／100点

① 強い□□《せいりょく》の台風。

② おとなしい□□《せいかく》。

③ 車の□□《せいげん》速度。

④ 国の□□《せいじ》を行う。

⑤ □《いきお》いよくかけ出す。

⑥ ビルを□□《けんせつ》する。

⑦ 中学校の□□《せいふく》。

⑧ 失敗を□《せ》める。

⑨ □《せき》にんを取る。

⑩ 仕事の□□《じっせき》。

⑪ □□《ぜいきん》をおさめる。

⑫ □□《せいしん》を集中する。

⑬ □□《めんせつ》試験を受ける。

⑭ □□□《がいこくせい》のカメラ。

⑮ 席を□《もう》ける。

⑯ 家の□□□《せっけいず》。

⑰ 来年の□□《うんせい》。

⑱ □□□《しんせいひん》を売る。

⑲ 会社で□□《じゅうせき》を負う。

⑳ □□《せいしつ》を調べる。

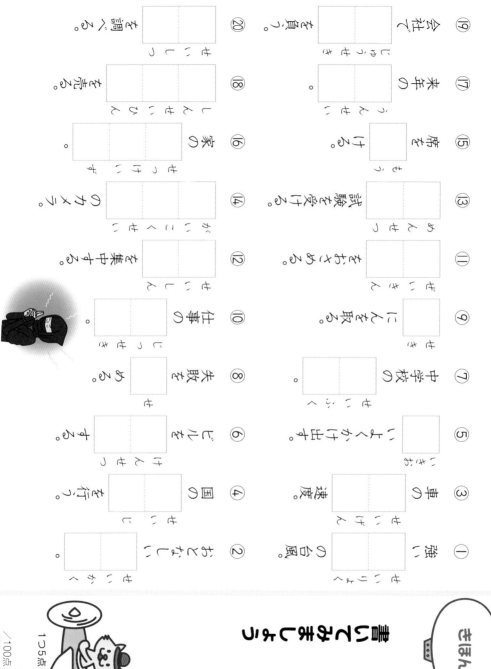

はってん

やってみましょう 11

月　日

／100点　10分

1 ――の漢字の読みがなを書きましょう。　一つ6〔24点〕

(1) あやまちを責（　）める。

(2) 責（　）務《む》を果たす。

(3) 教育制度（　）が変わる。

(4) 日本の政府（　）。

2 □にあてはまる漢字を書きましょう。　一つ7〔28点〕

(1) 規則《そく》を□《もう》ける。

(2) □□《せいせき》が上がる。

(3) □《いきお》いよく飛ぶ。

(4) 話を□□《ちょくせつ》聞く。

3 意味を考えて、次の読み方の漢字を□に書きましょう。　一つ6〔24点〕

(1) セツ　① □問に答える。　② □続する。

(2) セイ　① 本を□読する。　② 特□のスープ。

4 ①と②の□の部分を組み合わせて四つの漢字を作り、□に書きましょう。　一つ6〔24点〕

① 言　忄　青　兑

② 禾　殳　生　米

□　□

□　□

答えは82ページ

筆順 1 2 3 4 5 まちがえやすいところ…

…まちがえやすい漢字

漢字	読み方	画数	部首	言葉	練習
絶	ゼツ たえる・たやす たつ	12画	糸 いとへん	絶対《ぜったい》・関係《かんけい》を絶《た》つ	
祖	ソ ― 	9画	ネ しめすへん	先祖《せんぞ》・祖父母《そふぼ》	
素	ソ・（ス） ―	10画	糸 いと	酸素《さんそ》・要素《ようそ》	
総	ソウ ―	14画	糸 いとへん	総画数《そうかくすう》・総合《そうごう》	
造	ゾウ つくる	10画	辶 しんにょう	製造《せいぞう》・酒造《さけづく》り	
像	ゾウ ―	14画	イ にんべん	画像《がぞう》・想像《そうぞう》	
増	ゾウ ます・ふえる ふやす	14画	± つちへん	増加《ぞうか》・速度《そくど》を増《ま》す	
則	ソク ―	9画	リ りっとう	規則《きそく》・反則《はんそく》	
測	ソク はかる 	12画	シ さんずい	観測《かんそく》・身長《しんちょう》を測《はか》る	
属	ゾク ―	12画	尸 かばね	金属《きんぞく》・付属《ふぞく》	
率	（ソツ）・リツ ひきいる	11画	玄 げん	確率《かくりつ》・軍《ぐん》を率《ひき》いる	

きほん

読んでみましょう

月　日

1つ5点

10分

／100点

① 絵の素質がある。

② 気絶する。

③ 空気中の酸素。

④ 祖先のはかに参る。

⑤ 大きな船を造る。

⑥ 総理大臣を選ぶ。

⑦ 消息が絶える。

⑧ 木造の家に住む。

⑨ テレビの画像。

⑩ 未来を想像する。

⑪ 川の水かさが増す。

⑫ 規則を定める。

⑬ 自然の法則。

⑭ 人口が増加する。

⑮ 湖の水深を測る。

⑯ 雨のふる確率。

⑰ 外国の旅行者が増える。

⑱ 気象を観測する。

⑲ 先生が生徒を率いる。

⑳ 金属製のバット。

きほん

書いてみましょう

月　日

1つ5点

10分

／100点

① 絵の□□《そしつ》がある。

② □□《きぜつ》する。

③ 空気中の□□《さんそ》。

④ □□《そせん》のはかに参る。

⑤ 大きな船を□《つく》る。

⑥ □□《そうり》大臣を選ぶ。

⑦ 消息が□《た》える。

⑧ □□《もくぞう》の家に住む。

⑨ テレビの□□《がぞう》。

⑩ 未来を□□《そうぞう》する。

⑪ 川の水かさが□《ま》す。

⑫ □□《きそく》を定める。

⑬ 自然の□□《ほうそく》。

⑭ 人口が□□《ぞうか》する。

⑮ 湖の水深を□《はか》る。

⑯ 雨のふる□□《かくりつ》。

⑰ 外国の旅行者が□《ふ》える。

⑱ 気象を□□《かんそく》する。

⑲ 先生が生徒を□《ひき》いる。

⑳ □□□《きんぞくせい》のバット。

はってん

やってみましょう 12

月　日

10分　／100点

1 ——の漢字の読みがなを書きましょう。　一つ6〔24点〕

(1) 絶望的になる。（　　）

(2) 台風の進路の予測。（　　）

(3) 人通りが絶える。（　　）

(4) 池の深さを測る。（　　）

2 □にあてはまる漢字を書きましょう。　一つ7〔28点〕

(1) 下級生を□《ひき》いる。

(2) 寺のぶつ□《ぞう》。

(3) 川の水が□《ま》す。

(4) 野球部に□□《しょぞく》する。

3 ①と②の⬚の部分を組み合わせて四つの漢字を作り、□に書きましょう。　一つ6〔24点〕

①　糸　曽　亻　尸

②　禹　象　忩　土

□　□　□　□

4 次の画数の漢字を⬚から選んで、□に書きましょう。　一つ6〔24点〕

(1) 9画　□　□

(2) 10画　□　□

祖　素　則　造

答えは82ページ

…まちがえやすい漢字

筆順　1　2　3　4　5　まちがえやすいところ…

漢字	読み方	画数	部首	筆順	言葉
損	ソン (そこなう) (そこねる)	13画	扌 てへん	一 扌 扣 捐 損 損	損害《そんがい》・破損《はそん》
貸	(タイ) かす	12画	貝 かい	亻 仁 代 代 貸 貸	本《ほん》を貸《か》す
態	タイ ―	14画	心 こころ	台 自 能 能 態 態	事態《じたい》・態度《たいど》
団	ダン・(トン) ―	6画	囗 くにがまえ	丨 冂 冋 団 団	集団《しゅうだん》・団地《だんち》
断	ダン (たつ) ことわる	11画	斤 おのづくり	丷 业 米 迷 断 断	横断《おうだん》・参加《さんか》を断《ことわ》る
築	チク きずく	16画	⺮ たけかんむり	ノ ⺮ 筑 筑 築 築	建築《けんちく》・関係《かんけい》を築《きず》く
貯	チョ ―	12画	貝 かいへん	冂 目 貝 貯 貯 貯	貯金《ちょきん》・貯水池《ちょすいち》
張	チョウ はる	11画	弓 ゆみへん	フ コ 引 張 張 張	主張《しゅちょう》・氷《こおり》が張《は》る
停	テイ ―	11画	亻 にんべん	亻 仁 伫 停 停 停	停車《ていしゃ》・停電《ていでん》
提	テイ (さげる)	12画	扌 てへん	一 扌 扣 捍 提 提	提案《ていあん》・提出《ていしゅつ》
程	テイ (ほど)	12画	禾 のぎへん	ニ 千 禾 程 程 程	程度《ていど》・日程《にってい》

練習

きほん

読んでみましょう

月　日

1つ5点

10分

／100点

① 友達にえん筆を貸す。（　）

② たのみを断る。（　）

③ 財産を築く。（　）

④ 大きな損失が出る。（　）

⑤ 池に氷が張る。（　）

⑥ 損害を受ける。（　）

⑦ 力を貸す。（　）

⑧ 自信のある態度。（　）

⑨ 家を改築する。（　）

⑩ 団体で旅行する。（　）

⑪ 貯金を使う。（　）

⑫ 横断歩道をわたる。（　）

⑬ バス停で待つ。（　）

⑭ 赤信号で停止する。（　）

⑮ 貯水池の管理。（　）

⑯ 外国に出張する。（　）

⑰ 旅行の日程。（　）

⑱ 会議で提案する。（　）

⑲ ノートを提出する。（　）

⑳ 三つ程度入る。（　）

きほん

書いてみましょう

月　　日

1つ5点

10分

／100点

① 友達にえん筆を□《か》す。

② たのみを□《ことわ》る。

③ 財産を□《きず》く。

④ 大きな□□《そんしつ》が出る。

⑤ 池に氷が□《は》る。

⑥ □□《そんがい》を受ける。

⑦ 力を□《か》す。

⑧ 自信のある□□《たいど》。

⑨ 家を□□《かいちく》する。

⑩ □□《だんたい》で旅行する。

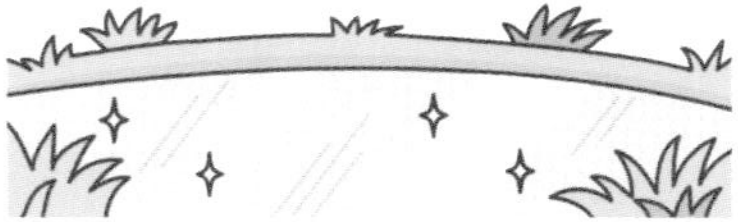

⑪ □□《ちょきん》を使う。

⑫ □□《おうだん》歩道をわたる。

⑬ バス□《てい》で待つ。

⑭ 赤信号で□□《ていし》する。

⑮ □□□《ちょすいち》の管理。

⑯ 外国に□□《しゅっちょう》する。

⑰ 旅行の□□《にってい》。

⑱ 会議で□□《ていあん》する。

⑲ ノートを□□《ていしゅつ》する。

⑳ 三つ□□《ていど》入る。

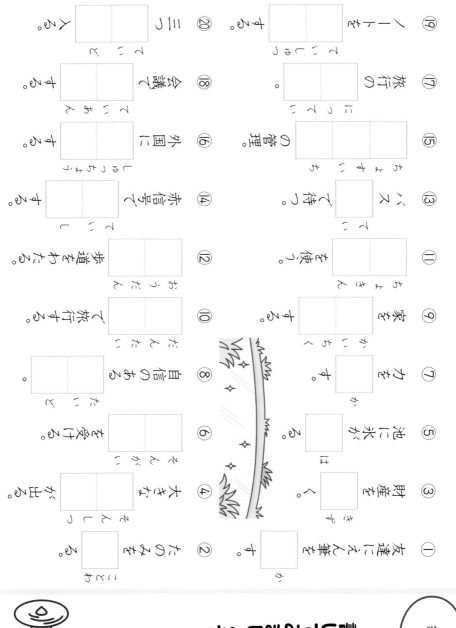

はってん

やってみましょう 13

月　日

10分　／100点

1 ——の漢字の読みがなを書きましょう。　一つ6〔24点〕

(1) 損（　　）とくは考えない。

(2) 新築（　　）の家。

(3) ダムを築（　　）く。

(4) きん急の事態（　　）。

2 □にあてはまる漢字を書きましょう。　一つ7〔28点〕

(1) 申し出を□《ことわ》る。

(2) 意見を□□《しゅちょう》する。

(3) 木の根が□《は》る。

(4) □□《むだん》で使用する。

3 12画の漢字を┆┆から三つ選んで、□に書きましょう。　一つ8〔24点〕

□　□　□

築　損　貸　提　態　貯

4 意味を考えて、次の読み方の漢字を□に書きましょう。　一つ6〔24点〕

(1) ダン
- ①□地に住む。
- 道路の横②□。

(2) テイ
- バスの①□留所《りゅうじょ》。
- 音②□が高い。

答えは82ページ

筆順 1 2 3 4 5 まちがえやすいところ…

…まちがえやすい漢字

漢字	読み方	画数	部首	言葉
適	テキ ―	14画	辶 しんにょう	快適《かいてき》・適切《てきせつ》
統	トウ （すべる）	12画	糸 いとへん	伝統《でんとう》・統一《とういつ》
堂	ドウ ―	11画	土 つち	食堂《しょくどう》・堂々《どうどう》と
銅	ドウ ― 	14画	金 かねへん	銅線《どうせん》・銅像《どうぞう》
導	ドウ みちびく	15画	寸 すん	指導《しどう》・会場《かいじょう》に導《みちび》く
得	トク える・（うる）	11画	彳 ぎょうにんべん	得意《とくい》・協力《きょうりょく》を得《え》る
毒	ドク ― 	8画	毋 なかれ	消毒《しょうどく》・毒薬《どくやく》
独	ドク ひとり	9画	犭 けものへん	独特《どくとく》・独《ひと》り言《ごと》
任	ニン まかせる まかす	6画	亻 にんべん	任務《にんむ》・人《ひと》に任《まか》せる
燃	ネン もえる・もやす もす	16画	火 ひへん	燃料《ねんりょう》・火《ひ》が燃《も》える

画数・部首・筆順・言葉

練習

きほん

読んでみましょう

月　　日

1つ5点

10分

／100点

① 快適な気温。

② 適切なしょ置。

③ 大学内の食堂。

④ 国を統一する。

⑤ 得意な教科。

⑥ 水泳を指導する。

⑦ 伝統を受けつぐ。

⑧ 仕事をしてお金を得る。

⑨ 銅像を造る。

⑩ 国会議事堂

⑪ テストの得点。

⑫ 毒のあるへび。

⑬ ごみを燃やす。

⑭ 独特な形の建物。

⑮ 独りぼっちになる。

⑯ 長官を任命する。

⑰ 客を席に導く。

⑱ 車の燃料。

⑲ まきが燃える。

⑳ 仕事を任せる。

きほん

書いてみましょう

月　日

1つ5点

10分

／100点

① □□《かいてき》な気温。

② □□《てきせつ》なしょ置。

③ 大学内の□□《しょくどう》。

④ 国を□□《とういつ》する。

⑤ □□《とくい》な教科。

⑥ 水泳を□□《しどう》する。

⑦ □□《でんとう》を受けつぐ。

⑧ 仕事をしてお金を□《え》る。

⑨ □□《どうぞう》を造る。

⑩ 国会□□□《ぎじどう》

⑪ テストの□□《とくてん》。

⑫ □《どく》のあるへび。

⑬ ごみを□《も》やす。

⑭ □□《どくとく》な形の建物。

⑮ □《ひと》りぼっちになる。

⑯ 長官を□□《にんめい》する。

⑰ 客を席に□《みちび》く。

⑱ 車の□□《ねんりょう》。

⑲ まきが□《も》える。

⑳ 仕事を□《まか》せる。

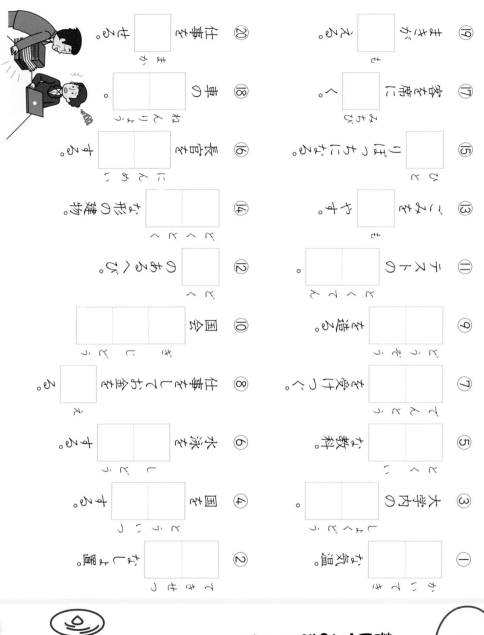

はってん

やってみましょう　14

月　日

／100点　10分

1 ——の漢字の読みがなを書きましょう。　一つ6〔24点〕

(1) 会場へ人を導く。（　　）

(2) 導火線に点火する。（　　）

(3) 協力を得る。（　　）

(4) 可燃性のガス。（　　）

2 □にあてはまる漢字を書きましょう。　一つ7〔28点〕

(1) □□《てきとう》な明るさ。

(2) □□《どくやく》を飲む。

(3) 寺の□□《ほんどう》。

(4) 国の□□《でんとう》行事。

3 ①と②の□の部分を組み合わせて四つの漢字を作り、□に書きましょう。　一つ6〔24点〕

① 犭　糸　同　壬

② 金　虫　亻　充

□　□　□　□

4 次の送りがなの付く漢字を□から選んで、□に書きましょう。　一つ6〔24点〕

(1) □く

(2) □せる

(3) □やす

(4) □る

燃　導　得　任

答えは82ページ

筆順　1　2　3　4　5　まちがえやすいところ …

…まちがえやすい漢字

漢字	読み方	画数	部首	言葉
能	ノウ ―	10画	肉(月)　にく	才能《さいのう》・能力《のうりょく》
破	ハ やぶる やぶれる	10画	石　いしへん	読破《どくは》・紙《かみ》を破《やぶ》る
犯	ハン (おかす)	5画	犭　けものへん	犯人《はんにん》・防犯《ぼうはん》
判	ハン・バン ―	7画	刂　りっとう	判断《はんだん》・評判《ひょうばん》
版	ハン ― 	8画	片　かたへん	出版《しゅっぱん》・版画《はんが》
比	ヒ くらべる	4画	比　ならびひ	比例《ひれい》・見比《みくら》べる
肥	ヒ こえる・こえ こやす・こやし	8画	月　にくづき	肥料《ひりょう》・肥《こ》えた土《つち》
非	ヒ ― 	8画	非　あらず	非常口《ひじょうぐち》・非売品《ひばいひん》
費	ヒ (ついやす) (ついえる)	12画	貝　かい	食費《しょくひ》・費用《ひよう》
備	ビ そなえる そなわる	12画	亻　にんべん	予備《よび》・雨《あめ》に備《そな》える

画数・部首・筆順・言葉

練習

きほん

読んでみましょう

1つ5点　10分　／100点

① 約束を破る。（　　）

② 絵の才能がある。（　　）

③ 犯人をさがす。（　　）

④ 部品が破損する。（　　）

⑤ 知能が高い。（　　）

⑥ 犯罪をふせぐ。（　　）

⑦ 重さを比べる。（　　）

⑧ 的確な判断。（　　）

⑨ 版画を作る。（　　）

⑩ 判決が下る。（　　）

⑪ 比ゆを使った表現。（　　）

⑫ 大判のノート。（　　）

⑬ 畑に肥やしをやる。（　　）

⑭ 畑に肥料をまく。（　　）

⑮ パーティーの費用。（　　）

⑯ 非常事態になる。（　　）

⑰ 非礼をわびる。（　　）

⑱ 遠足の準備。（　　）

⑲ 台風に備える。（　　）

⑳ 畑の土がよく肥える。（　　）

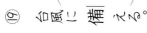

きほん

書いてみましょう

月　日

1つ5点

10分

／100点

① 約束を□《やぶ》る。

② 絵の□□《さいのう》がある。

③ □□《はんにん》をさがす。

④ 部品が□□《はそん》する。

⑤ □□《ちのう》が高い。

⑥ □□《はんざい》をふせぐ。

⑦ 重さを□《くら》べる。

⑧ 的確な□□《はんだん》。

⑨ □□《はんが》を作る。

⑩ □□《はんけつ》が下る。

⑪ □《ひ》ゆを使った表現。

⑫ □□《おおばん》のノート。

⑬ 畑に□《こ》やしをやる。

⑭ 畑に□□《ひりょう》をまく。

⑮ パーティーの□□《ひよう》。

⑯ □□《ひじょう》事態になる。

⑰ □□《ひれい》をわびる。

⑱ 遠足の□□《じゅんび》。

⑲ 台風に□《そな》える。

⑳ 畑の土がよく□《こ》える。

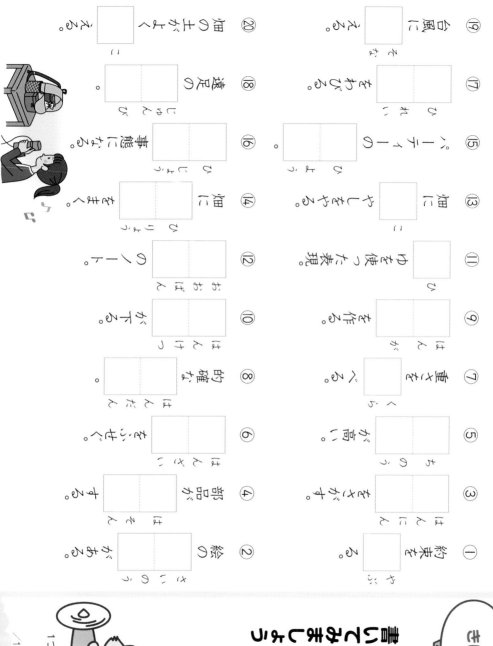

はってん

やってみましょう 15

月　日

10分　／100点

1 ——の漢字の読みがなを書きましょう。　一つ6〔24点〕

(1) 旅行の<u>費用</u>。（　　　）

(2) 都市が<u>肥大化</u>する。（　　　）

(3) 身長を<u>比</u>べる。（　　　）

(4) 両者を<u>対比</u>する。（　　　）

2 □にあてはまる漢字を書きましょう。　一つ7〔28点〕

(1) □□《ひじょう》に暑い。

(2) 店が□□《はさん》する。

(3) 本を□□《しゅっぱん》する。

(4) □□《はんにん》がつかまる。

3 ①と②の□の部分を組み合わせて八つの漢字を作り、□に書きましょう。　一つ6〔48点〕

①

石	片	犭	刂
莆	𠤎	兑	𠂤

②

⺕	㔾	亻	反
半	禾	皮	匕

□　□　□　□
□　□　□　□

答えは83ページ

筆順 1 2 3 4 5 まちがえやすいところ…

…まちがえやすい漢字

漢字	読み方	画数	部首	筆順	言葉	練習
評	ヒョウ / —	12画	言 ごんべん	亠 言 訂 訐 評	評価《ひょうか》・評判《ひょうばん》	評
貧	(ヒン)・ビン / まずしい	11画	貝 かい	八 分 分 貧 貧	貧《びん》ぼう・心《こころ》が貧《まず》しい	貧
布	フ / ぬの	5画	巾 はば	ノ ナ 冇 右 布	毛布《もうふ》・布地《ぬのじ》	布
婦	フ / —	11画	女 おんなへん	く 女 如 婦 婦	新婦《しんぷ》・婦人服《ふじんふく》	婦
武	ブ・ム / —	8画	止 とめる	一 丅 正 武 武	武士《ぶし》・武者《むしゃ》	武
復	フク / —	12画	彳 ぎょうにんべん	彳 彳 彳 復 復	回復《かいふく》・復活《ふっかつ》	復
複	フク / —	14画	衤 ころもへん	丶 ネ 衤 複 複	複雑《ふくざつ》・複数《ふくすう》	複
仏	ブツ / ほとけ	4画	亻 にんべん	ノ イ 仏 仏	大仏《だいぶつ》・仏様《ほとけさま》	仏
粉	フン / こ・こな	10画	米 こめへん	丷 半 米 粉 粉	花粉《かふん》・小麦粉《こむぎこ》	粉
編	ヘン / あむ	15画	糸 いとへん	糸 糸 絹 編 編	編集《へんしゅう》・毛糸《けいと》で編《あ》む	編

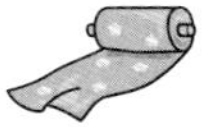

きほん

読んでみましょう

月　日

1つ5点

10分

／100点

① そば粉を練る。

② 評判のよい商品。

③ 貧ぼうなくらし。

④ 毛布にくるまる。

⑤ 布でできたふくろ。

⑥ 家庭の主婦。

⑦ 天気が回復する。

⑧ 昔の武士のすがた。

⑨ 仏教が伝わる。

⑩ 武者ぶるいをする。

⑪ 心の貧しい人。

⑫ 複雑なめい路。

⑬ すぎの花粉が飛ぶ。

⑭ 念仏を唱える。

⑮ 粉雪がまう寒い日。

⑯ 本を編集する。

⑰ 算数の復習。

⑱ 仏様をおがむ。

⑲ マフラーを編む。

⑳ 名画の複製をかざる。

きほん

書いてみましょう

月　　日

1つ5点

10分

／100点

① そば□《こ》を練る。

② □□《ひょうばん》のよい商品。

③ □《びん》ぼうなくらし。

④ □□《もうふ》にくるまる。

⑤ □《ぬの》でできたふくろ。

⑥ 家庭の□□《しゅふ》。

⑦ 天気が□□《かいふく》する。

⑧ 昔の□□《ぶし》のすがた。

⑨ □□《ぶっきょう》が伝わる。

⑩ □□《むしゃ》ぶるいをする。

⑪ 心の□《まず》しい人。

⑫ □□《ふくざつ》なめい路。

⑬ すぎの□□《かふん》が飛ぶ。

⑭ □□《ねんぶつ》を唱える。

⑮ □□《こなゆき》がまう寒い日。

⑯ 本を□□《へんしゅう》する。

⑰ 算数の□□《ふくしゅう》。

⑱ □□《ほとけさま》をおがむ。

⑲ マフラーを□《あ》む。

⑳ 名画の□□《ふくせい》をかざる。

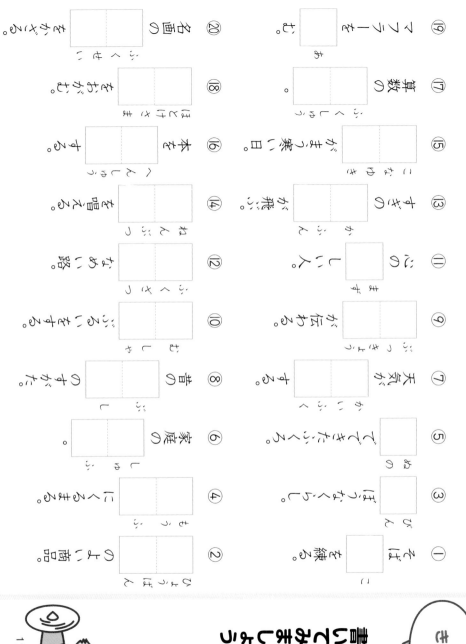

はってん

やってみましょう 16

月　日

10分

／100点

1 ——の漢字の読みがなを書きましょう。　一つ6〔24点〕

(1) 貧しい生活。（　　）

(2) 好評を得ている。（　　）

(3) 武器をすてる。（　　）

(4) 武者人形をかざる。（　　）

2 □にあてはまる漢字を書きましょう。　一つ7〔28点〕

(1) きな□《こ》をまぶす。

(2) 楽団を□□《へんせい》する。

(3) きれいな色の□《ぬの》。

(4) 奈良の□□《だいぶつ》。

3 ①と②の┆┆の部分を組み合わせて四つの漢字を作り、□に書きましょう。　一つ6〔24点〕

①	彳　糸　分　ム
②	亻　扁　复　米

□　□

□　□

4 意味を考えて、次の読み方の漢字を□に書きましょう。　一つ6〔24点〕

(1) フ
①□人服
②広告の配□。

(2) フク
①□数の人。
②往□きっぷ

答えは83ページ

筆順 1 2 3 4 5 まちがえやすいところ…

まちがえやすい漢字

漢字	読み方	画数	部首	言葉
弁	ベン ― 	5画	廾 こまぬき	答弁《とうべん》・弁当《べんとう》
保	ホ たもつ	9画	イ にんべん	保温《ほおん》・健康《けんこう》を保《たも》つ
墓	ボ はか	13画	土 つち	墓地《ぼち》・墓参《はかまい》り
報	ホウ (むくいる)	12画	土 つち	天気予報《てんきよほう》・報告《ほうこく》
豊	ホウ ゆたか	13画	豆 まめ	豊富《ほうふ》・豊《ゆた》かな実《みの》り
防	ボウ ふせぐ	7画	阝 こざとへん	防止《ぼうし》・風《かぜ》を防《ふせ》ぐ
貿	ボウ ―	12画	貝 かい	貿易《ぼうえき》・貿易会社《ぼうえきがいしゃ》
暴 (まちがえやすいところ)	ボウ・(バク) (あばく) あばれる	15画	日 ひ	暴風雨《ぼうふうう》・大暴《おおあば》れ
脈	ミャク ― 	10画	月 にくづき	山脈《さんみゃく》・葉脈《ようみゃく》
務 (まちがえやすいところ)	ム つとめる つとまる	11画	力 ちから	義務《ぎむ》・役《やく》が務《つと》まる

筆順

練習

きほん

読んでみましょう

月　日

1つ5点

10分

／100点

① お墓（　　）へお参りする。

② 弁当（　　）を食べる。

③ 豊（　　）かな自然を守る。

④ ご飯を保温（　　）する。

⑤ 病気を予防（　　）する。

⑥ 墓地（　　）の前を通る。

⑦ 豊富（　　）な海産物。

⑧ 事件が報道（　　）される。

⑨ 健康を保（　　）つ。

⑩ 米が豊作（　　）になる。

⑪ 火事を防（　　）ぐ。

⑫ 暴風雨（　　）になる。

⑬ 馬が暴（　　）れる。

⑭ 社会科見学の報告（　　）。

⑮ 暴力（　　）はふるわない。

⑯ 外国と貿易（　　）をする。

⑰ 議長を務（　　）める。

⑱ 山脈（　　）が連なる。

⑲ 手首の脈（　　）をみる。

⑳ 任務（　　）を果たす。

きほん

書いてみましょう

月　日

1つ5点

／100点

10分

① お□《はか》へお参りする。

② □□《べんとう》を食べる。

③ □《ゆた》かな自然を守る。

④ ご飯を□□《ほおん》する。

⑤ 病気を□□《よぼう》する。

⑥ □□《ぼち》の前を通る。

⑦ □□《ほうふ》な海産物。

⑧ 事件が□□《ほうどう》される。

⑨ 健康を□《たも》つ。

⑩ 米が□□《ほうさく》になる。

⑪ 火事を□《ふせ》ぐ。

⑫ □□□《ぼうふうう》になる。

⑬ 馬が□《あば》れる。

⑭ 社会科見学の□□《ほうこく》。

⑮ □□《ぼうりょく》はふるわない。

⑯ 外国と□□《ぼうえき》をする。

⑰ 議長を□《つと》める。

⑱ □□《さんみゃく》が連なる。

⑲ 手首の□《みゃく》をみる。

⑳ □□《にんむ》を果たす。

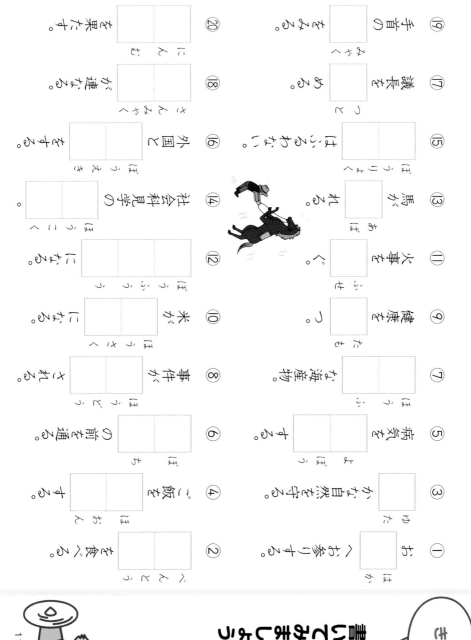

はってん

やってみましょう 17

月　　日

10分　／100点

1 ——の漢字の読みがなを書きましょう。　一つ6〔24点〕

(1) 文脈（　　）を読み取る。

(2) 消防車（　　）が通る。

(3) 貿易（　　）相手国

(4) 暴風雨（　　）になる。

2 □にあてはまる漢字を書きましょう。　一つ7〔28点〕

(1) □□《じょうほう》を集める。

(2) 寺にある□□《ぼち》。

(3) ばらの□□《かべん》。

(4) 生命□□《ほけん》に入る。

3 次の部首の付く漢字を、□に書きましょう。　一つ6〔24点〕

(1) イ
① □《ほとけ》の顔も三度。
② 体力を□《たも》つ。

(2) 土
① 天気予□《ほう》を聞く。
② □《はか》参りに行く。

4 次の送りがなの付く漢字を[　]から選んで、□に書きましょう。　一つ6〔24点〕

(1) □か

(2) □ぐ

(3) □める

(4) □れる

務　豊　防　暴

答えは83ページ

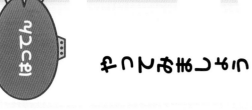

筆順 1 2 3 4 5 まちがえやすいところ…

…まちがえやすい漢字

漢字	読み方	画数	部首	言葉
夢	ム / ゆめ	13画	夕 た	夢中《むちゅう》・初夢《はつゆめ》
迷	(メイ) / まよう	9画	辶 しんにょう	道《みち》に迷《まよ》う
綿	メン / わた 	14画	糸 いとへん	綿織物《めんおりもの》・綿毛《わたげ》
輸	ユ / —	16画	車 くるまへん	空輸《くうゆ》・輸送《ゆそう》
余	ヨ / あまる / あます	7画	人 ひとやね	余計《よけい》・旅費《りょひ》が余《あま》る
容	ヨウ / — 	10画	宀 うかんむり	内容《ないよう》・容器《ようき》
略	リャク / —	11画	田 たへん	計略《けいりゃく》・省略《しょうりゃく》
留	リュウ・ル / とめる / とまる	10画	田 た	保留《ほりゅう》・目《め》に留《と》まる
領	リョウ / —	14画	頁 おおがい	大統領《だいとうりょう》・領土《りょうど》
歴	レキ / —	14画	止 とめる	歴代《れきだい》・歴任《れきにん》

練習

きほん

読んでみましょう

月　日

1つ5点

10分

／100点

① 山で道に迷う。(　)

② 初夢を見る。(　)

③ たんぽぽの綿毛。(　)

④ 綿花のさいばい。(　)

⑤ 料理が余る。(　)

⑥ 石油を輸入する。(　)

⑦ 気の迷い。(　)

⑧ 余計なことを言う。(　)

⑨ 略図を書く。(　)

⑩ 容積を量る。(　)

⑪ 国の領土。(　)

⑫ 遊びに夢中になる。(　)

⑬ 紙に書き留める。(　)

⑭ 四角い容器。(　)

⑮ 歴代の大臣。(　)

⑯ 説明を省略する。(　)

⑰ 荷物を輸送する。(　)

⑱ 海外へ留学する。(　)

⑲ 日本の歴史。(　)

⑳ 家を留守にする。(　)

きほん

書いてみましょう

月　日

1つ5点

10分

／100点

①　山で道に□《まよ》う。

②　□□《はつゆめ》を見る。

③　たんぽぽの□□《わたげ》。

④　□□《めんか》のさいばい。

⑤　料理が□《あま》る。

⑥　石油を□□《ゆにゅう》する。

⑦　気の□《まよ》い。

⑧　□□《よけい》なことを言う。

⑨　□□《りゃくず》を書く。

⑩　□□《ようせき》を量る。

⑪　国の□□《りょうど》。

⑫　遊びに□□《むちゅう》になる。

⑬　紙に書き□《と》める。

⑭　四角い□□《ようき》。

⑮　□□《れきだい》の大臣。

⑯　説明を□□《しょうりゃく》する。

⑰　荷物を□□《ゆそう》する。

⑱　海外へ□□《りゅうがく》する。

⑲　日本の□□《れきし》。

⑳　家を□□《るす》にする。

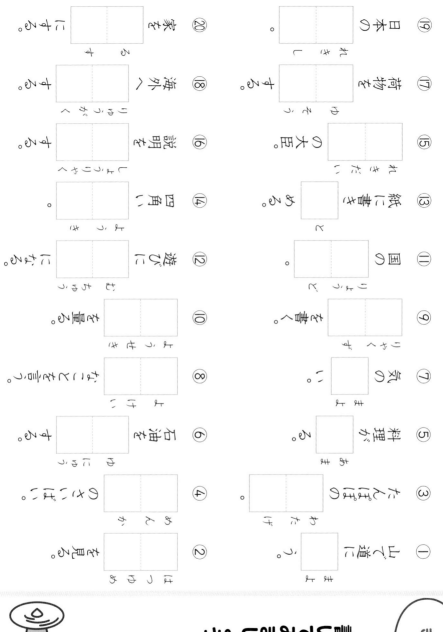

はってん

やってみましょう 18

月　日

10分　／100点

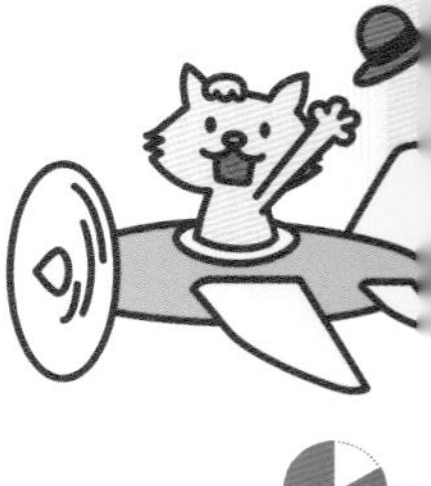

1 ——の漢字の読みがなを書きましょう。　一つ6〔24点〕

(1) 旅行の費用が余る。（　　）

(2) 悪夢にうなされる。（　　）

(3) 判断に迷う。（　　）

(4) 日本の歴史を学ぶ。（　　）

2 □にあてはまる漢字を書きましょう。　一つ7〔28点〕

(1) □□《りょうち》を広げる。

(2) たんぽぽの□□《わたげ》。

(3) □□□《るすばん》をする。

(4) 物語の□□《ないよう》。

3 形に気をつけて、□に漢字を書きましょう。　一つ6〔48点〕

(1) ①□《めん》でできたくつ下。 ②路□《せん》バスに乗る。

(2) 車を①□《ゆ》出する。 ②□《わ》ゴムを使う。

(3) 文章を中①□《りゃく》する。 母の手料理は②□《かく》別だ。

(4) バスの停①□《りゅう》所。 日本の②□《ぼう》易額。

答えは83ページ

はってん

五年生のまとめ 書いてみましょう 1

月　日

1つ5点

10分

／100点

・～～～は、漢字とひらがなで書きましょう。

① けがの□□《げんいん》。

② 駅までを□□《おうふく》する。

③ 店の□□《けいえい》。

④ 海外との□□《ぼうえき》。

⑤ □□《さんそ》ボンベ

⑥ □□《おうせつ》間に通される。

⑦ □□《さくらそう》の花。

⑧ 街頭で□□《えんぜつ》する。

⑨ □□《かねん》ごみ

⑩ 絵を□□《ひょうか》する。

⑪ □□《えいせい》放送

⑫ □□《すいあつ》の大きさ。

⑬ 青い□□《えきたい》。

⑭ □□《えいきゅう》に変わらない。

⑮ 寺の□□《しゅうい》。

⑯ □□《かせつ》テント

⑰ 商売で得た□□《りえき》。

⑱ つくえを（　　）《よせる》。

⑲ 寒さに（　　）《なれる》。

⑳ 実行に（　　）《うつす》。

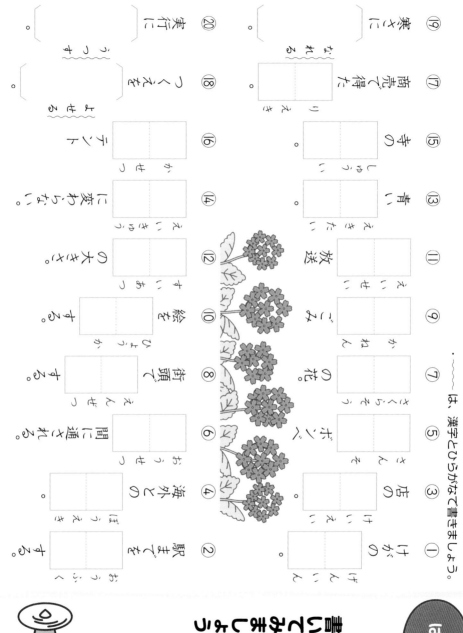

はってん

五年生のまとめ 書いてみましょう 2

月　日

1つ5点

10分

／100点

・〰〰 は、漢字とひらがなで書きましょう。

① □□《ひょうが》におおわれる。

② 今の□□《しんきょう》を話す。

③ 人員を□□《かくほ》する。

④ □□《いま》でくつろぐ。

⑤ □□□《べんごし》

⑥ □□《かんせん》道路が混む。

⑦ スキーの□□《きほん》。

⑧ 動物の進化の□□《かてい》。

⑨ □□《きそく》を守る。

⑩ 目に□□《がんたい》をする。

⑪ 最新の□□《ぎじゅつ》。

⑫ やさしい□□《せいかく》。

⑬ □□《かいてき》な旅。

⑭ 買い物の□□《そうがく》。

⑮ □□《ぎむ》教育

⑯ 橋の□□《ふっきゅう》工事。

⑰ □□《ゆうかん》を読む。

⑱ 風に（　　）《さからう》。

⑲ 妹が（　　）《よろこぶ》。

⑳ 土地を（　　）《たがやす》。

答えは83ページ

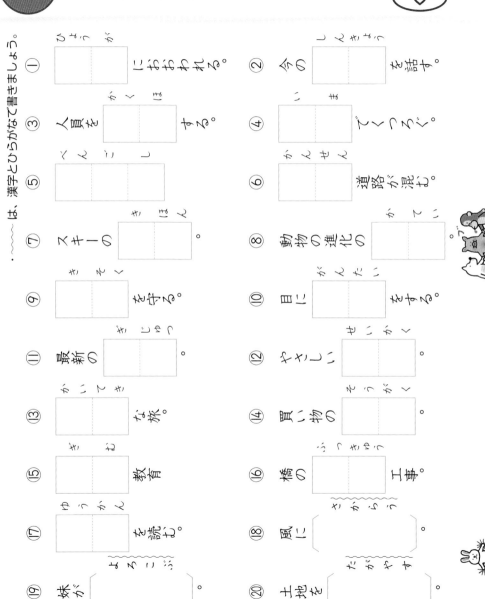

はってん

五年生のまとめ 書いてみましょう 3

月　日

1つ5点　10分　／100点

・〰〰 は、漢字とひらがなで書きましょう。

① 漁が□□《かいきん》になる。

② 身の□□《けっぱく》の証明。

③ □□《きんとう》に分ける。

④ 学力の□□《けんさ》をする。

⑤ りんごの□□《こすう》。

⑥ 市の人口の□□《ぞうげん》。

⑦ □□《きゅうめい》ボート

⑧ 入場を□□《せいげん》する。

⑨ 商品の□□《こうこく》。

⑩ 入学を□□《きょか》する。

⑪ □□《げんざい》の気温。

⑫ □□《じょうけん》を受け入れる。

⑬ □□□《さっぷうけい》な道。

⑭ □□《じこ》をふせぐ。

⑮ □□《せいのう》のよい車。

⑯ 昔の□□《たんこう》のあと。

⑰ □□《こうりつ》よく勉強する。

⑱ 医者を〔　〕《こころざす》。

⑲ 絵の具を〔　〕《まぜる》。

⑳ 木の枝を〔　〕《ささえる》。

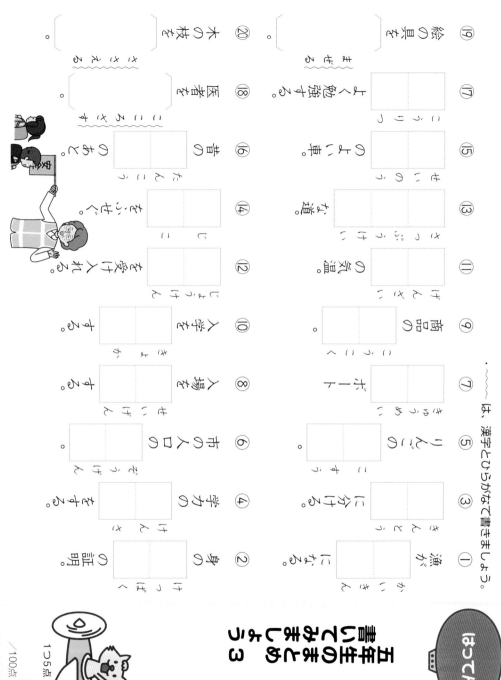

はってん

五年生のまとめ 書いてみましょう 4

月　日

1つ5点

10分

／100点

・～～～は、漢字とひらがなで書きましょう。

① 町を□□《さいこう》させる。

② じゅくの□□《こうし》。

③ □□《はんざい》を取りしまる。

④ □□《ふくざつ》な気持ち。

⑤ テストを□□《さいてん》する。

⑥ 仲のよい□□《ふさい》。

⑦ 船が□□《けっこう》する。

⑧ ぶたを□□《しいく》する。

⑨ □□《あつぎ》をする。

⑩ 意見に□□《さんどう》する。

⑪ □□《ぼうさい》対さく

⑫ 課題を□□《ていじ》する。

⑬ □□《しほん》主義

⑭ 話の□□《さいげん》がない。

⑮ 市の□□《ざいせい》。

⑯ □□《うんせい》をうらなう。

⑰ 好みが□《に》ている二人。

⑱ 店を～かまえる～〔　　　〕。

⑲ 考えを～のべる～〔　　　〕。

⑳ 福を～まねく～〔　　　〕。

答えは83ページ

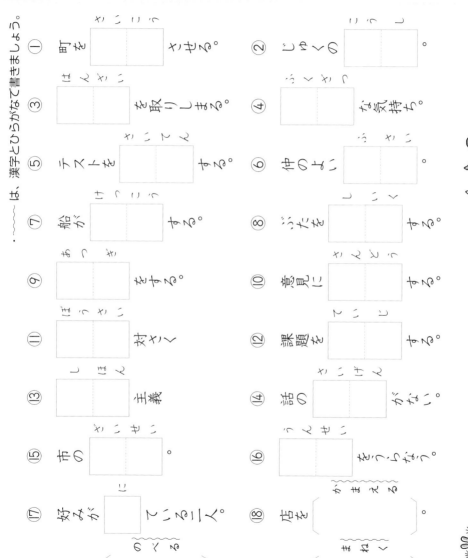

はってん

五年生のまとめ 書いてみましょう 5

月　日

1つ5点

10分

／100点

・～～～は、漢字とひらがなで書きましょう。

① テレビを［　　］《せいぞう》する。

② 料理をする［　　］《じゅんじょ》。

③ ［　　］《きしょう》予報士

④ 健康［　　］《じょうたい》がよい。

⑤ ［　　］《えだまめ》を食べる。

⑥ ［　　］《こうしゃ》を建てかえる。

⑦ 美しい［　　］《おりもの》。

⑧ ［　　］《かんしょう》用の植物。

⑨ ［　　］《りゃくず》をかく。

⑩ ［　　］《じゅぎょう》を受ける。

⑪ ［　　］《じょうしき》で考える。

⑫ ［　　］《じょうほう》を集める。

⑬ ［　　］《しつもん》に答える。

⑭ ［　　］《しゃざい》会見を開く。

⑮ 旅行の［　　］《じゅんび》をする。

⑯ ［　　　］《しょうひぜい》

⑰ ［　　］《よぶん》に食材を買う。

⑱ 面積を〔　　〕《はかる》。

⑲ 勝利へ〔　　〕《みちびく》。

⑳ 大きさを〔　　〕《くらべる》。

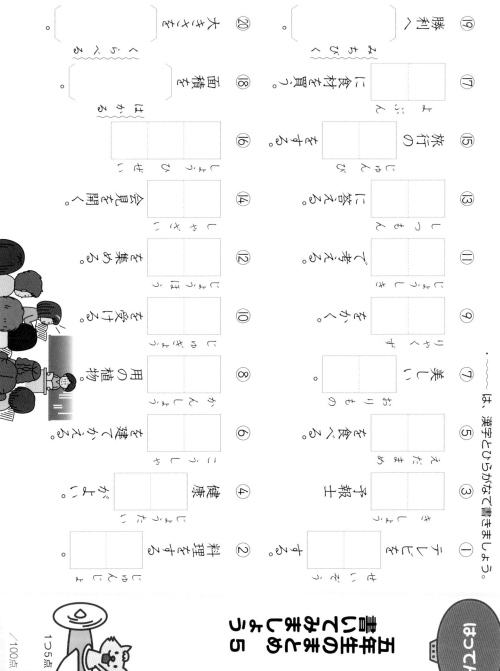

はってん

五年生のまとめ 書いてみましょう 6

月　日

10分

1つ5点　／100点

・〜〜〜は、漢字とひらがなで書きましょう。

① □□《せいせき》が上がる。

② □□《ぜっぱん》になった本。

③ □□《せきにん》を負う。

④ □□《しゅうだん》登校をする。

⑤ 身分□□《しょうめい》書

⑥ 食品の□《ちょ》ぞう庫。

⑦ □□《どうぞう》を建てる。

⑧ 家を□□《けんちく》する。

⑨ □□《ていでん》になる。

⑩ 海外に□□《しゅっちょう》する。

⑪ カメラが□□《はそん》する。

⑫ 大学の□□《ふぞく》高校。

⑬ 正しい□□《はんだん》をする。

⑭ 寺の□□《ほんどう》。

⑮ □□《そふ》と出かける。

⑯ 友人を□□《せっとく》する。

⑰ □《か》し切りバスに乗る。

⑱ 馬が（あばれる）。

⑲ くらしが（まずしい）。

⑳ 土地を（こやす）。

答えは84ページ

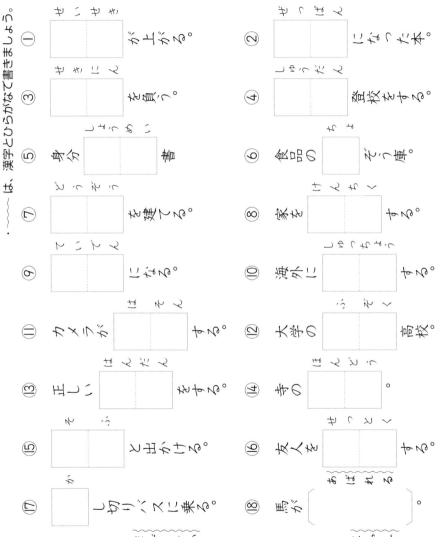

五年生のまとめ 書いてみましょう 7

月　日

1つ5点

10分

／100点

・～～～は、漢字とひらがなで書きましょう。

① 気の□《どく》な話。

② □□《だいぶつ》をおがむ。

③ □□《ようりょう》よく作業する。

④ 日本の人口の□□《ぶんぷ》。

⑤ □《みゃく》が速くなる。

⑥ 日本の□□《れきし》。

⑦ □□《ひじょう》に暑い。

⑧ □□《ちょうへん》小説を読む。

⑨ □□《むちゅう》で走る。

⑩ □□《ぼぜん》にそなえた花。

⑪ □□《ふじん》用のくつ。

⑫ □□《ようき》に水を入れる。

⑬ 会社を□□《とうごう》する。

⑭ 空に□□《わたぐも》がうかぶ。

⑮ 荷物を□□《ゆそう》する。

⑯ 先祖は□□《ぶし》だった。

⑰ 新しい国の□□《どくりつ》。

⑱ 買う物に〔　〕《まよう》。

⑲ 〔　〕《けわしい》表情。

⑳ 花に目を〔　〕《とめる》。

答え

◇〈読んでみましょう〉の答えは〈書いてみましょう〉に、
〈書いてみましょう〉の答えは〈読んでみましょう〉にあります。

やってみましょう 1

5ページ

1 (1)やさ (2)えき (3)えん (4)はいいん

2 (1)永 (2)電圧 (3)移住 (4)永住

3 (1)①囲 ②移 (2)①営 ②衛 (3)①移 ②写 (4)①益 ②液

やってみましょう 2

9ページ

1 (1)たいかく (2)かり (3)かこ (4)ていか

2 (1)快 (2)可 (3)桜 (4)理解

3 (1)①往 ②住 (2)①応 ②広 (3)①河 ②何 (4)①快 ②決

やってみましょう 3

13ページ

1 (1)よろこ (2)きこう (3)よ (4)き

2 (1)確 (2)額 (3)基地 (4)確実

3 額・確・刊・眼・紀・規・慣・幹

やってみましょう 4

17ページ

1 (1)すく (2)きゅうきゅうしゃ (3)きょうかい (4)さかい

2 (1)逆 (2)転居 (3)逆 (4)許

3 (1)①義 ②技 (2)①旧 ②久 (3)①居 ②許 (4)①均 ②禁

やってみましょう 5

21ページ

1 (1)へ (2)けいけん (3)あらわ (4)げんじつ

2 (1)句点 (2)故事 (3)限界 (4)小型

3 (1)①減 ②清潔 (2)①件 ②仮 (3)①険 ②限 (4)①検 ②格

やってみましょう 6

25ページ

1 (1)こうち (2)こ (3)うんこう (4)たがや

2 (1)興 (2)救護 (3)構 (4)炭鉱

3 (1)①鉱 ②功 (2)①構 ②講

4 (1)厚 (2)耕 (3)効 (4)告

やってみましょう 7　29ページ

1 (1)さいかい　(2)ふたた　(3)あ
(4)じつざい

2 (1)財　(2)採点　(3)考査　(4)実際

3 罪・災・妻・際・査・混・財・殺

やってみましょう 8　33ページ

1 (1)ざっそう　(2)りょうし
(3)めいし　(4)ささ

2 (1)志　(2)賛同　(3)史上　(4)枝豆

3 (1)飼・資　(2)酸・雑

4 (1)①念　②志　(2)①賛　②貨

やってみましょう 9　37ページ

1 (1)にがおえ　(2)しめ　(3)あくしつ
(4)でんじゅ

2 (1)修　(2)準　(3)述　(4)標識

3 (1)①修　②周　(2)①述　②術
(3)①謝　②舎　(4)①準　②順

やってみましょう 10　41ページ

1 (1)しょくいんしつ　(2)じょぶん
(3)そしき　(4)おりもの

2 (1)条　(2)招　(3)情　(4)常

3 (1)①証　②象　③招　④賞
(2)①情　②条　③状　④常

やってみましょう 11　45ページ

1 (1)せ　(2)せき　(3)せいど
(4)せいふ

2 (1)設　(2)成績　(3)勢　(4)直接

3 (1)①設　②接　(2)①精　②製

4 設・性・精・税

やってみましょう 12　49ページ

1 (1)ぜつぼうてき　(2)よそく
(3)た　(4)はか

2 (1)率　(2)像　(3)増　(4)所属

3 総・増・像・属

4 (1)祖・則　(2)素・造

やってみましょう 13　53ページ

1 (1)そん　(2)しんちく　(3)きず
(4)じたい

2 (1)断　(2)主張　(3)張　(4)無断

3 貸・提・貯

4 (1)①団　②断　(2)①停　②程

やってみましょう 14　57ページ

1 (1)みちび　(2)どうかせん
(3)え　(4)かねんせい

2 (1)適当　(2)毒薬　(3)本堂　(4)伝統

3 独・統・銅・任

4 (1)導 (2)任 (3)燃 (4)得

やってみましょう 15　61ページ

1 (1)ひょう (2)ひだいか (3)くら
(4)たいひ

2 (1)非常 (2)破産 (3)出版 (4)犯人

3 破・版・犯・判・備・非・税・能

やってみましょう 16　65ページ

1 (1)まず (2)こうひょう (3)ぶき
(4)むしゃ

2 (1)粉 (2)編成 (3)布 (4)大仏

3 復・編・粉・仏

4 (1)①婦 ②布 (2)①複 ②復

やってみましょう 17　69ページ

1 (1)ぶんみゃく (2)しょうぼうしゃ
(3)ぼうえき (4)ぼうふうう

2 (1)情報 (2)墓地 (3)花弁 (4)保険

3 (1)①仏 ②保 (2)①報 ②墓

4 (1)豊 (2)防 (3)務 (4)暴

やってみましょう 18　73ページ

1 (1)あま (2)あくむ (3)まよ
(4)れきし

2 (1)領地 (2)綿毛 (3)留守番
(4)内容

3 (1)①綿 ②線 (2)①輸 ②輪
(3)①略 ②格 (4)①留 ②貿

五年生のまとめ 1　74ページ

①原因 ②往復 ③経営 ④貿易
⑤酸素 ⑥応接 ⑦桜草 ⑧演説
⑨可燃 ⑩評価 ⑪衛星 ⑫水圧
⑬液体 ⑭永久 ⑮周囲 ⑯仮設
⑰利益 ⑱寄せる ⑲慣れる ⑳移す

五年生のまとめ 2　75ページ

①氷河 ②心境 ③確保 ④居間
⑤弁護士 ⑥幹線 ⑦基本 ⑧過程
⑨規則 ⑩眼帯 ⑪技術 ⑫性格
⑬快適 ⑭総額 ⑮義務 ⑯復旧
⑰夕刊 ⑱逆らう ⑲喜ぶ ⑳耕す

五年生のまとめ 3　76ページ

①解禁 ②潔白 ③均等 ④検査
⑤個数 ⑥増減 ⑦救命 ⑧制限
⑨広告 ⑩許可 ⑪現在 ⑫条件
⑬殺風景 ⑭事故 ⑮性能 ⑯炭鉱
⑰効率 ⑱志す ⑲混ぜる ⑳支える

五年生のまとめ 4

77ページ

①再興 ②講師 ③犯罪 ④複雑
⑤採点 ⑥夫妻 ⑦欠航 ⑧飼育
⑨厚着 ⑩賛同 ⑪防災 ⑫提示
⑬資本 ⑭際限 ⑮財政 ⑯運勢
⑰似 ⑱構える ⑲述べる ⑳招く

五年生のまとめ 5

78ページ

①製造 ②順序 ③気象 ④状態
⑤枝豆 ⑥校舎 ⑦織物 ⑧観賞
⑨略図 ⑩授業 ⑪常識 ⑫情報
⑬質問 ⑭謝罪 ⑮準備 ⑯消費税
⑰余分 ⑱測る ⑲導く ⑳比べる

五年生のまとめ 6

79ページ

①成績 ②絶版 ③責任 ④集団
⑤証明 ⑥貯 ⑦銅像 ⑧建築
⑨停電 ⑩出張 ⑪破損 ⑫付属
⑬判断 ⑭本堂 ⑮祖父 ⑯説得
⑰貸 ⑱暴れる ⑲貧しい ⑳肥やす

五年生のまとめ 7

80ページ

①毒 ②大仏 ③要領 ④分布
⑤脈 ⑥歴史 ⑦非常 ⑧長編
⑨夢中 ⑩墓前 ⑪婦人 ⑫容器
⑬統合 ⑭綿雲 ⑮輸送 ⑯武士
⑰独立 ⑱迷う ⑲険しい ⑳留める

3 2 1 0 9 8 7 6 5 4 ＊ ＊ D C B A